# Apprenez plus et comprenez moins

Le véritable enseignement n'est pas d'entrer de force la gentillesse, l'amabilité, la justice et l'honnêteté dans l'esprit des gens, mais de leur faire comprendre que c'est déjà en eux en montrant l'exemple.

Par Claude Lasanté

ISBN 978-2-923727-70-7

# Table des matières

Avant-propos                                                          7

Vouloir avoir raison empêche toute ouverture d'esprit               11

Qui est responsable d'avoir créé ce monde ?                         15

Sans les relations il n'y a pas d'évolution de ma conscience        21

Mes principes à appliquer pour changer de comportement              27

Il n'y a rien à apprendre pour changer de comportement              31


**Les 4 comportements essentiels**                                  **39**

Être gentil avec mes enfants                                        43

Être aimable avec ma femme                                          73

Être juste avec tout le monde                                       101

Être honnête en tout temps                                          141

# Avant-propos

Si quelqu'un, né il y a plus de 2000 ans, arrivait dans le monde d'aujourd'hui, il verrait combien nos avons des technologies avancées avec nos automobiles, ordinateurs, téléphones, avions, progrès médicaux.

Mais en observant tous ces gens qui n'ont pas de nourriture, d'eau potable, de toilette, de logement et de médicaments, dirait-il que nous sommes plus évolués qu'il y a 2000 ans ? Je ne vous apprends rien en disant que notre monde est de plus en plus violent, détestable, malhonnête, injuste et indifférent.

Et pourtant, des milliards de livres ont été écrits, des millions de réformes politiques ont été instaurées, des milliers de religions ont été créées, des centaines de systèmes judiciaires ont été fondés et des milliards de conseils sur les bonnes manières, les bons comportements ont été dits afin de changer le monde.

Faisons-nous fausse route avec cet enseignement qui ne fait que prêcher, qui ne fait que la propagande de mots pour dire aux autres quoi faire ou ne pas faire en croyant que nos connaissances vont transformer le comportement des gens ?

Faire la propagande des idées et des mots, c'est éviter d'évoluer consciemment en n'appliquant pas, en n'intégrant pas, en ne vivant pas ce que l'on dit aux autres ! Comment sommes-nous arrivés à être trompés et à être hypnotisés par cette illusion trompeuse ?

Avons-nous donné notre foi, une confiance aveugle à tous ces auteurs, ces leaders, ces politiciens, ces juges, ces enseignants, ces prêcheurs et ces rois qui ne cessent de répéter le même discours ? Avons-nous donné notre foi, une confiance aveugle à nos parents également ?

Ce discours habituel qui consiste à dire au monde quoi faire ou ne pas faire pour mieux vivre et oublier de le vivre eux-mêmes en montrant l'exemple ? Ont-ils oublié d'intégrer dans leur vie, ce qu'ils veulent enseigner aux gens ou à leurs enfants ?

Comme il est édifiant d'expliquer et de définir avec les mots ce qu'est l'amour, la gentillesse, la justice, l'honnêteté, etc.

Bien qu'ils puissent paraître sincères, leur intention est la gloire, la supériorité, l'autorité et le contrôle. Ne serait-il pas plus sage de nous raconter leurs propres expériences et ainsi savoir comment ils sont arrivés à avoir un comportement aimable, juste et gentil dans leurs relations ?

Pourquoi se montrer comme des modèles de perfection, au lieu de se montrer comme des modèles humains avec leurs erreurs, leurs craintes, leurs inquiétudes, leurs habitudes, leurs échecs et ce qu'ils ont fait pour transformer leur comportement ?

Un maître, un leader, un enseignant ou un parent conscient n'enseigne pas les bons comportements avec la propagande des idées et des mots, car il sait parfaitement que convaincre les gens à croire en lui ne va rien produire comme changement.

On enseigne par l'exemple et leur exemple est de parler sans l'intégrer dans leur propre vie... et par conséquent, on les imite en parlant sans l'intégrer dans notre vie, dans notre monde de relation. Le véritable enseignement n'est pas d'entrer de force la gentillesse, l'amabilité, la justice et l'honnêteté dans l'esprit des gens, mais de leur faire comprendre que c'est déjà en eux en montrant l'exemple.

Est-ce que cela a du sens ?

*Claude Lasanté*

# Vouloir avoir raison empêche toute ouverture d'esprit

La capacité à ne pas avoir raison ouvre mon esprit à des possibilités infinies, et à remettre en question de nombreuses croyances qui m'empêchent d'exprimer qui je suis vraiment par mes choix libres.

Cependant, vouloir avoir raison m'empêche d'ouvrir mon esprit à comprendre quelque chose que je ne connais pas et qui pourrait m'être utile dans ma vie.

## Perdre la raison, c'est comprendre sans raison ni jugement

Perdre la raison est une délicieuse façon de vivre des relations aimables, justes et libres, mais ceux qui contrôlent, qui jugent, qui dirigent et qui se croient supérieurs ou autoritaires ne sont pas du même avis.

Lorsque je suis conditionné, sans m'en rendre compte, à vouloir avoir raison à propos de tout, alors je cherche les torts ou les erreurs chez les autres pour m'élever sur eux, les dominer ou les contrôler.

De toute évidence, je créé des conflits et j'oublie que je suis le responsable, le créateur de ces situations.

Il ne me vient jamais à l'esprit, qu'il y a toujours plus d'un point de vue dans une relation et que si j'avais l'intention d'accepter cette simple vérité, alors je pourrais mieux comprendre la situation et les gens, au lieu de porter un jugement rapide.

## Est-je peur de perdre la face ?

Parce que je n'ai pas confiance en moi, alors j'ai peur d'avouer sincèrement et humblement que je ne peux pas tout connaître, que je peux me tromper, alors ma réaction est de protéger mon ego, mon image, ma réputation, ma supériorité.

Ainsi, je blâme, j'accuse, je critique et je juge les autres pour les rendre coupables de ce qui m'arrive ou arrive dans ce monde.

En fait, je cherche à être au-dessus des autres, car on m'a éduqué en ce sens à bien paraître, à être un gagnant, à être meilleur, donc je m'efforce de ne pas faire partie des perdants qui sont des êtres inférieurs.

Par conséquent, je crois être supérieur aux autres, j'oublie d'observer mes propres comportements dans les relations et je suis convaincu que ce sont eux qui ont des comportements malsains.

Par ailleurs, comme les gens ont oublié également de voir leur comportement dans les relations, nous voilà dans un monde où personne ne se trompe, où tout le monde croit avoir raison afin de donner tort à l'autre.

Je vis en ayant peur de perdre la face...

## La raison est un esprit limité dans le connu

En vérité, avoir raison, c'est avoir l'esprit fermé, limité dans ce que je connais tandis que perdre la raison, c'est avouer mes torts ou ce que je ne connais pas et ainsi ouvrir mon esprit à ce qui est inconnu.

Ce qui compte n'est pas de vouloir avoir raison pour donner tort à l'autre, mais accepter et comprendre que l'autre à un point de vue différent du mien sans chercher les désaccords.

Est-ce que l'erreur est celle de croire en la séparation, c'est-à-dire ceci **OU** cela ?

Pouvons-nous choisir de croire à l'unité, c'est-à-dire ceci **ET** à la fois cela ?

# Qui est responsable d'avoir créé ce monde ?

Qui est responsable des problèmes du monde, quand la presque totalité des gens blâment, accusent et condamnent les autres de tous ces malheurs ?

Toutes les solutions pour sauver le monde n'ont pas fonctionné, car le problème n'est pas le monde ni la personne à côté de moi, ni Dieu, ni la malchance, mais mon propre comportement avec le monde qui crée un problème.

Seul une personne ayant une conscience primitive, bloqué dans ses croyances, ne voit pas cette vérité et j'en faisais partie.

En fait, je suis responsable des problèmes du monde, car j'y ai contribué d'une certaine façon avec mon comportement dans mes relations.

Je me dois de choisir consciemment et délibérément, des comportements non violents, justes, aimables et honnêtes, puis de les intégrer dans ma vie, en faire l'expérience personnelle en relation avec les gens qui m'entourent afin d'évoluer en conscience de qui je suis. Vouloir sauver le monde sans commencer par moi-même est une illusion qui m'empêche d'évoluer...

## Avancés ou évolués !

Si une personne née il y a plus de 3000 ans arrivait dans notre monde, elle verrait combien nous avons des technologies et des sciences avancées !

Des ordinateurs puissants, des véhicules rapides, des avions, des robots, des constructions magnifiques, des moyens de communication sophistiqués, des progrès médicaux incroyables, etc.

Est-ce que cette même personne pourrait dire que notre conscience a évolué en observant la façon dont nous nous traitons après plus de 3000 ans ?

Des conflits, des brutalités, des guerres, des meurtres atroces, des enfants qui meurent de faim à toutes les secondes, des gens qui n'ont pas d'eau, de toilettes, de médicaments ni un toit pour dormir !

Il y a une grande différence entre des êtres humains avancés et des êtres humains évolués, n'est-ce pas ?

## Les apparences sont trompeuses

Ce monde violent et indifférent est un résultat, une extension de nos propres comportements individuels dans nos relations proches qui s'étendent par la suite à la société, au monde.

Est-ce que je vois ce processus de création ou je suis endormi dans les résultats, les conséquences, les apparences qui trompent la vérité ?

Si personne ne se voit responsable de ce monde violent et indifférent, alors tout le monde va croire que ce sont les autres qui ont créé ce monde.

Qui alors est responsable ?

Ce n'est pas parce que je ne suis pas conscient de ma façon d'être dans les relations, que je n'ai pas contribué à créer ce monde !

Tant que je n'accepterai pas ma responsabilité, tant que je ne comprendrai pas le processus de création, jamais je n'aurai de motivation personnelle pour transformer quoique ce soit.

Transformer ma conscience en ayant le désir sincère d'évoluer et sentir en moi, la grandeur de qui je suis véritablement.

# La motivation provient de la liberté de choix

Comment puis-je être responsable de quelque chose, lorsque le jugement est utilisé pour m'accuser, me condamner et me blesser ?

La culpabilité vient toujours du jugement des gens inconscients qui se croient supérieurs et cela tue ma motivation suite à une erreur que j'ai commise et ainsi m'empêcher d'évoluer en m'obligeant d'obéir à leurs ordres ou à me condamner et ainsi imiter les mêmes comportements.

La responsabilité vient de mon propre engagement libre et me motive à faire des choix plus élevés en acceptant mes choix moindres ou mes erreurs et m'exprimer en de nouvelles expériences.

La culpabilité ne fait que me détester et détester les autres tandis que la responsabilité me donne la confiance, l'initiative et la liberté d'agir différemment dans mes relations.

Je suis le monde et personne ne peut m'obliger, me forcer ou me dire de transformer mon comportement, car il se transforme uniquement par choix libre et non par obéissance imposée ni par condamnation ni par punition !

## Être avant de faire quelque chose

Ai-je été conditionné par ces faux leaders, ces faux enseignants, ces faux dirigeants qui n'ont pas l'intention de se remettre en question en cherchant constamment à avoir raison et à me donner tort ?

En fait, ils ne voient rien de mal en eux, n'entendent rien de mal à propos d'eux et ne disent rien de mal de la situation. Leur esprit ne s'intéresse pas aux problèmes du monde, car pour eux, ils n'en sont pas responsables.

Tant que je mettrai en priorité le faire en oubliant l'être, alors je continuerai dans le même sens qu'eux.

C'est ce que ces faux leaders, ces faux maîtres ne sont pas conscients et qui continuent d'enseigner par la propagande.

Être, c'est être conscient de mes sentiments et de mes intentions ainsi que ceux des autres avant de penser, parler ou agir.

Penser, parler et agir, c'est faire quelque chose.

Vouloir améliorer les autres sans débuter par moi-même, c'est faire quelque chose pour bien paraître sans me soucier de moi ni des autres.

## Mon processus d'évolution de mon être

Ce qui compte vraiment n'est pas d'enseigner, de dire aux autres ce que sont les bonnes manières, mais de montrer ou raconter mes expériences vécues comme exemples !

Mais si rien ne vient secouer mes sentiments d'être et mon confort, alors je vais continuer à vivre endormi, à vivre comme un somnambule et croire que tout va bien dans le monde et dans ma vie.

Mon processus d'évolution de mon être ne vise personne d'autre que moi. Je ne suis pas ici pour sauver ni changer le monde.

Je suis ici pour exprimer qui je suis vraiment en choisissant des comportements plus évolués dans mes relations et sentir ma grandeur, ma fierté, mon bien-être et ma joie.

En démontrant mes bonnes manières sous forme d'expériences propres, je peux inspirer les gens au lieu de vouloir les convaincre et ainsi leur permettre de voir mes erreurs, mes craintes, mes inquiétudes, mes habitudes, mes réussites et mon humanité.

# Sans les relations, il n'y a pas d'évolution de ma conscience

J'ai vécu une grande partie de ma vie en maudissant, en accusant le monde et en réagissant avec colère ou tristesse aux problèmes qui m'arrivaient.

Comme si je croyais qu'il y avait quelqu'un ou une force mystérieuse qui me faisait ça !

Je me sentais comme une victime et je percevais les autres comme de méchantes personnes, comme des gens détestables.

Avais-je oublié quelque chose d'important concernant ma conscience et la raison d'être de la relation ?

## Je vivais au niveau des croyances

Je n'ai jamais eu à l'esprit que j'étais le créateur de tout ce qui m'arrivait dans ma vie, qu'il n'y avait aucun hasard et que tout était perfection.

Curieusement, je n'ai jamais cru être une mauvaise personne ou si je l'étais, j'en n'étais pas conscient !

Est-ce possible que les autres personnes ne soient pas mauvaises, tout comme moi, ou si elles le sont, elles n'en sont pas conscientes non plus ?

En vérité, je n'étais pas conscient qu'il existait des niveaux d'évolution de ma conscience et que j'étais bloqué au premier niveau, au niveau des croyances.

Des habitudes inconscientes dans ma pensée.

Comme bien des gens, mon esprit luttait entre des pensées rationnelles et des pensées irrationnelles en cherchant laquelle était la bonne pour prendre des décisions avisées, des décisions qui apportaient du bien-être à moi et l'autre.

Je prenais des décisions avec ma raison ou mes émotions non naturelles, donc sans vraiment être conscient de mes intentions ni de mes sentiments d'être ou vérités dans l'âme ainsi que celles des autres.

Pourtant, ni l'une des deux étaient la bonne, car elles ne venaient pas d'une source de vérité en moi, mais de l'influence de mon environnement qui vivait avec de profondes croyances toutes aussi fausses que les miennes.

Lorsque j'ai accepté et compris ce conditionnement, le moule qui m'avait endormi à ce premier niveau de conscience s'est transformé par lui-même.

Mon esprit a commencé à choisir délibérément mes propres créations concernant ma façon d'être, mes comportements dans les relations selon des niveaux de conscience que je ne connaissais pas, mais qui existaient déjà en moi.

Ces 4 niveaux d'expansion de ma conscience sont :

1. Niveau subconscient (niveau des croyances)
2. Niveau conscient (niveau de l'esprit)
3. Niveau super conscient (niveau de l'amour)
4. Niveau supra conscient (niveau de l'âme)


J'ai observé que les circonstances ou les problèmes dans ma vie étaient des occasions pour choisir consciemment et délibérément, des comportements plus sains en relation avec les gens afin d'évoluer en conscience de moi selon ces niveaux.

Avais-je oublié une chose fondamentale concernant ma conscience et la raison d'être de la relation ?

Avais-je imité les autres qui croyaient profondément que les relations existaient que pour obtenir quelque chose, au lieu d'offrir quelque chose ?

# La véritable raison d'être de la relation

Lorsque des milliards de gens utilisent les relations afin d'être heureux, survivre ou obtenir satisfaction, donc vouloir ou recevoir quelque chose, alors il est très difficile de croire à autre chose.

La multitude du monde nous fait croire que c'est ainsi que fonctionnent les choses. Nous croyons qu'il est impossible qu'autant de monde puisse se tromper...

Cette idée de croire qu'autant de monde ne puisse pas se tromper fut mon erreur à propos de la véritable raison d'être des relations.

Pour moi, les relations existent comme le seul moyen de me connaître par choix conscient et délibéré pour créer des états d'être ou comportements à offrir aux autres afin d'évoluer en des versions de plus en plus grandioses de qui je suis.

Cependant, sans ce que je ne suis pas (mes états d'être ou comportements malsains ainsi que ceux des autres), alors je ne peux pas me connaître au travers mes expériences et mes sentiments.

Car faute de ce que je ne suis pas, ce que je suis ne peux pas exister. Faute d'obscurité, la lumière ne peut pas exister. Faute de mal, le bien ne peut pas exister. Faute de choix, un choix ne peut pas exister et ainsi croire en une seule version de la chose sans vraiment savoir si ce que je crois est vrai.

C'est en acceptant ce que je ne suis pas, que je peux faire entrer en existence ce que je suis sans l'aide de personne.

Ce que j'accepte, je peux le changer, mais ce que je nie, je ne peux pas le changer, car en déclarant son absence, son inexistence, alors je lui résiste et ainsi le garder en place avec l'énergie de la peur.

# Mes principes à appliquer pour changer de comportement

J'ai été tellement conditionné à me faire dire quoi faire ou ne pas faire, que lorsque je lisais quelque chose ayant un différent point de vue du mien, je croyais que cela était faux et je le rejetais immédiatement.

Cette habitude inconsciente de dire aux autres quoi faire ou ne pas faire produit la même croyance en moi de dire aux autres quoi faire ou ne pas faire et ainsi ne jamais le faire moi-même.

J'ai pris conscience que cela ne fonctionnait pas et que ce qui fonctionnait était de dire mes expériences et mes sentiments aux autres sans leur dire quoi faire ou ne pas faire.

Ainsi, les gens qui lisent mes textes ont un autre point de vue et ainsi avoir un choix libre, non une croyance imposée.

Dire aux autres quoi faire ou ne pas faire est une des profondes croyances qui ne fonctionne pas pour inspirer ou motiver librement les gens à expérimenter quelque chose de nouveau.

Voici mes principes que j'applique pour changer mes états d'être, mes comportements, sans vouloir sauver le monde ni me sauver du monde :

- Montrer l'exemple que tout commence par moi afin de ne pas m'oublier comme créateur et avoir le pouvoir de changer ma vie.

- Progresser de mon mieux et que ce n'est jamais terminé afin de ne pas m'endormir sur mon passé et mes lauriers.

- Ne pas chercher à vouloir changer ou sauver le monde afin de ne pas rechercher la gloire.

- Montrer que les gens savent déjà tout ce que je montre et ne sont pas conscients de le savoir afin de se rappeler de leur pouvoir créatif.

- Montrer humblement que mon évolution ne vise personne d'autre que moi afin de laisser la liberté aux gens de choisir ou non d'évoluer consciemment.

- Ne pas chercher à être supérieur aux autres en sachant et eux en ne sachant pas afin de ne pas m'élever sur eux.

- Ne jamais chercher à donner tort aux autres ni argumenter afin de ne pas vouloir avoir raison.

- Ne pas montrer que je suis un modèle de perfection afin de ne pas rendre impossible et difficile le changement de comportement.

- Ne pas cacher mes choix moindres, mes luttes, mes erreurs, mes inquiétudes et mes peurs afin de montrer mon humanité.

- Accepter mes imperfections sincèrement afin d'accepter celles des autres.

- Reconnaître que tout ce qui m'arrive dans ma vie est pour mon plus grand bien afin d'apprécier les occasions de création.

- M'aimer tel que je suis et à aimer les autres tels qu'ils sont afin d'accepter et comprendre que nous faisons toujours de notre mieux.

- Me voir comme Dieu me voit afin de rire de moi et sourire beaucoup.

- Ne pas vouloir devenir un leader ou une personne populaire afin de ne pas recevoir de la gloire, de l'adulation ou de l'attention des autres pour compenser l'oublie de m'aimer et d'aimer les autres sans conditions.

- Montrer qu'il y a une autre façon d'être en étant attentif à mes sentiments et mes intentions ainsi que ceux des autres.

- Ne pas remettre en question mon passé par des jugements et des regrets, mais m'inspirer de celui-ci afin de créer un avenir différent.

- Voir que mes comportements malsains n'ont pas à être supprimés ni oubliés, mais d'ajouter des comportements plus sains.

- Ne pas penser, dire et faire aux autres ce que je ne voudrais pas que les autres pensent, disent et me fassent.

- Ne pas utiliser la relation pour obtenir quelque chose afin d'être heureux ou survivre, mais offrir des états d'être consciemment et délibérément afin de me connaître en des versions de plus en plus grandioses.

- Montrer que le bien et le mal ne sont pas des idées passées ni des conclusions définitives afin de prendre conscience qu'ils sont des sentiments présents propres à chacun qui indiquent une vérité.

# Il n'y a rien à apprendre pour changer de comportements

Comment un petit enfant d'un an a-t-il appris à être souriant, aimable et affectueux ?

Personne au monde ne lui a enseigné à être cela et à moi non plus !

Avais-je oublié que ces états d'être faisaient partie de ma nature véritable dès ma naissance ?

Avais-je été obligé par la peur et la culpabilité à imiter et à croire les adultes qui avaient eux-mêmes oublié leur nature ?

Ainsi, j'ai fait confiance à des aveugles qui voulaient me guider vers la lumière pendant qu'ils étaient dans les ténèbres sans s'en rendre compte !

Et une fois adulte, j'étais et je faisais comme eux.

## Je m'éloignais de ma nature aimable

En fait, il ne s'agit pas d'apprendre de nouveaux comportements aimables en se fiant ou en croyant les autres, peu importe le titre, l'importance, la gloire ou la fortune qu'ils ont dans ce monde.

Il ne s'agit pas non plus de suivre des formations ni de lire de nombreux livres ni d'assister à plusieurs conférences concernant le développement personnel, car cette réaction est une profonde habitude d'aller à l'extérieur de moi pour trouver des réponses qui sont déjà en moi.

Aller à l'extérieur de moi, c'est perdre confiance en moi en donnant ma confiance aux autres. C'est perdre mon pouvoir personnel et dépendre ou avoir besoin des autres.

Cette habitude ne fait que m'éloigner, fuir ou oublier ma véritable nature aimable.

## J'étais déjà une personne aimable dès ma naissance

En vérité, il suffit de simplement remarquer que ces comportements aimables sont déjà en moi, que je suis cela, car à un certain moment de ma vie, j'ai déjà été une personne gentille, aimable, juste, tolérante, attentive, compréhensive, généreuse, honnête, etc.

Vous et moi avons été tout cela !

Il n'y a rien à apprendre des adultes concernant mes comportements aimables, justes et bons, mais à me rappeler que je suis déjà cela !

Mais parce que les adultes inconscients de qui ils sont m'ont forcés à changer de comportement à partir de mon enfance en me disant constamment que j'étais un mauvais enfant à leurs yeux, alors je suis devenu comme eux.

Je suis devenu égoïste et pour arriver à mes fins, j'ai utilisé le contrôle, la peur, la culpabilité et la ruse.

## J'ai tout à apprendre des enfants

Je me suis aperçu que je n'avais pas à écouter ni apprendre des adultes, mais d'observer ma façon de penser, ma façon de parler, ma façon d'être, mes réactions et mes sentiments.

D'accepter cela sans porter de jugement afin de faire entrer en existence dans mon esprit, des états d'être ou comportements que je connaissais déjà, mais que j'avais oublié en observant ces adultes qui les avaient oubliée à leur tour.

Mais ce sont les jeunes enfants qui me font rappeler mes magnifiques comportements concernant ma nature en montrant l'exemple sans vouloir enseigner aux autres les bons comportements, sans vouloir prouver ou rechercher la gloire des autres comme c'est souvent le cas avec des adultes en manque d'attention et qui veulent se croire supérieurs.

Par conséquent, je n'ai absolument rien de nouveau à apprendre concernant mes comportements aimables sauf de me souvenir que je suis cela et les intégrer le plus souvent possible dans mes relations de façon consciente et avec une intention sincère.

Mais comment suis-je devenu moins aimable, à avoir des comportements qui n'expriment pas qui je suis, qui n'expriment pas ma nature aimable ?


## L'obsession de l'autorité

Lorsque j'étais un petit enfant, on m'a fait croire que les adultes avaient toujours raison. Une fois devenu adulte, cette croyance a fait place à la certitude...

Puis, une fois devenu parent, cette certitude a fait place à la rectitude ou l'autorité qui juge et condamne.

J'avais tort, j'avais cruellement tort !

Être obsédé à vouloir l'autorité, c'est croire que je suis supérieur et ainsi avoir peur de ne pas être à la hauteur, peur de perdre la face et ainsi chercher à abaisser ou donner tort aux autres.

Sans m'en rendre compte, cette croyance a contribué à créer en moi, des comportements malsains dans mes relations.

Est-ce que la cause provient de la peur, le jugement et la ruse des gens nés avant moi ?

Est-ce qu'en devant adulte, j'imitais, sans m'en rendre compte, ces gens nés avant moi ?

Est-ce que les gens nés avant moi ont eux aussi imité leurs prédécesseurs ?

## La peur, le jugement et la ruse des autres

Je ne savais pas ce qu'étaient la peur, le jugement et la ruse lorsque j'étais très jeune, jusqu'au jour où les adultes ont utilisé ces comportements.

La peur a contribué à me faire réagir au moyen de l'amour avec des conditions, en niant mes désirs, en imitant les autres et ainsi m'empêcher de choisir consciemment, ce que je voulais être et avoir.

Le jugement a contribué à me faire réagir au moyen de la culpabilité, de la condamnation, de la menace, de la souffrance, de l'obéissance et ainsi m'empêcher d'agir librement selon ce que je voulais faire.

La ruse a contribué à me faire réagir au moyen du mensonge, de la malhonnêteté, de cacher mes vérités, de gérer mes émotions et ainsi tromper les gens par le bien paraître afin d'arriver à mes fins.

Ces réactions ont créé des habitudes néfastes, des comportements violents, méfiants, indifférents et égoïstes qui m'ont fait oublier mes magnifiques états d'être que j'avais reçus à la naissance.

J'ai ainsi oublié qui je suis vraiment en donnant ma confiance à des gens qui ont oublié qui ils sont !

La peur, le jugement et la ruse produisent la quête du confort, de la sécurité, de la conformité, en m'exigeant d'imiter mes prédécesseurs et ainsi mourir à 5 ans, et me faire enterrer à 85 ans.

## Le confort n'est pas la confiance

En vérité, choisir un état d'être à expérimenter débute toujours par un sentiment inconfortable.

Un sentiment inconfortable n'est pas un sentiment mal. Il y a une grande différence entre les deux. Un mobilise et l'autre paralyse.

Un sentiment mal provient des autres et blesse, car je me déteste à partir de la peur et du jugement des autres tandis qu'un sentiment inconfortable provient de moi, d'une expérience que je ne connais pas, que je n'ai pas dans ma mémoire.

Un sentiment inconfortable est une vérité que mon âme m'envoie afin de m'éveiller de mon inconscience et choisir librement une nouvelle expérience.

Mais en n'étant pas conscient de cela, alors ma pensée transforme ce sentiment inconfortable en un sentiment mal et ainsi me paralyser par la peur.

Comme notre monde nous a enseigné à répéter les mêmes choses confortables, alors notre réaction est de fuir cette vérité ou ne jamais vivre de problème.

Nous avons donc inventé un idéal qui se nomme la sécurité. Elle est un des plus grand fléau sur cette planète, car sa base est dans la peur.

La peur de vivre des sentiments inconfortables et ainsi ne jamais évoluer en conscience de soi.

## L'évolution de ma conscience est impossible dans la sécurité

Il est impossible d'évoluer en conscience de soi sans un choix conscient et délibéré à partir d'un sentiment inconfortable, car je demeure figé au niveau de mes croyances qui m'apportent un sentiment de sécurité, une assurance et une profonde certitude de réussite.

N'est-il pas dit que la vie commence en dehors de notre zone de confort, de sécurité !

Ainsi, cette sécurité ou confort m'empêche de prendre conscience qu'il existe un choix plus élevé, car je crois avec certitude, que j'ai atteint le choix le plus élevé, que je ne fais pas d'erreur à propos de mes comportements et ainsi répéter les mêmes habitudes de croire que ce sont les autres qui sont toujours en faute.

## Ce n'est pas une question de faute, mais une question de choix

Mes choix d'hier ont été biens, ceux d'aujourd'hui pourraient être encore meilleurs et ceux de demain davantage.

Mais cette sécurité est sournoise, car elle ne remet jamais en question mes choix de comportement ou façon d'être, car je crois avoir raison…

Voilà comment prend naissance les problèmes que je crée dans les relations sans m'en rendre compte.

Mon confort, ma sécurité est la cause ou la croyance inconsciente des sentiments mal que je provoque chez les autres personnes et tôt ou tard, j'en vivrai les conséquences.

# Les 4 comportements essentiels

Je ne choisis pas un nouveau comportement parce que je suis mauvais, mais bien parce que cela n'est pas qui je suis, ne me représente pas...

Ma faute n'est pas d'avoir choisi ces comportements moindres, mais de les qualifier de mauvais, car en les qualifiant ou en les jugeant ainsi, j'affirme que je suis une mauvaise personne.

Et comme je ne peux pas me traiter de mauvais, alors je nie ma responsabilité.

Sans ce que je ne suis pas, en l'absence de ce que je ne suis pas, je ne peux pas choisir autre chose, je ne peux pas choisir ce que je suis.

Mes choix conscients de comportement ou façon d'être sont infinis, mais il en existe quatre qui, à ma connaissance, sont les plus importants dans les relations.

1. Être gentil

2. Être aimable

3. Être juste

4. Être honnête

Mon but est donc de me rappeler ces comportements qui créent un bien-être relationnel afin d'évoluer en conscience, en intégrant ces comportements dans ma vie et en montrant l'exemple.

En fait, le véritable amour n'est pas un bien-être personnel, mais un bien-être relationnel dans nos sentiments sans avoir à l'esprit un quelconque retour.

Les sentiments sont les vérités propres de chaque personne et cela me permet de connaître si mon choix de comportement a bien fonctionné dans une relation quelconque.

Et personne au monde ne peut savoir pour moi si je me sens bien ou mal, peu importe mon âge et ma situation.

## Comment changer mon comportement ?

Je suis l'énergie, je suis un processus de création !

Je ne suis pas ici pour réaliser quelque chose avec mon corps, mais pour réaliser quelque chose avec mon âme afin d'évoluer en conscience de moi.

**L'énergie est un état d'être.** C'est la cause première de toute création selon mon niveau de conscience concernant mon âme, peu importe mes croyances. C'est le désir d'être de mon âme, se connaître.

**L'intention est un choix d'être.** C'est ma liberté de choisir ce qui m'intéresse selon le désir de mon âme ou le désir de mon corps, lorsque je ne suis pas conscient de l'existence de mon âme. C'est être conscient ou non de la cause première, l'énergie de toute création.

**Le mouvement de l'énergie est une façon d'être.** C'est l'émotion qui s'exprime en pensée, parole et action selon mon intention consciente ou non. C'est faire quelque chose avec un comportement nouveau ou un comportement habituel.

**Le résultat est un sentiment d'être.** C'est le fait d'être, le sentiment d'être dans l'âme suite à une nouvelle expérience en relation avec quelqu'un ou quelque chose. L'évolution se mesure par ce qui fait du bien, donc par les sentiments d'être ou ne pas évoluer par les sensations corporelles/matérielles.

En d'autre terme, pour changer mon comportement, je suis conscient de mon âme et je choisis un nouvel état d'être avant de faire quelque chose, avant de mettre en mouvement l'énergie.

Cet état d'être ou énergie est très simple à connaître. C'est l'amour conscient ou la peur inconsciente. Le résultat est un sentiment de bien dans la relation (moi et l'autre) ou un sentiment de mal dans la relation (moi ou l'autre).

Si mon esprit n'est pas conscient de ce choix, alors je vais réagir, je vais répéter inconsciemment, le même état d'être ou comportement.

Par conséquent, au lieu d'exiger quelque chose des autres, j'apporte consciemment et délibérément, un comportement aux autres que j'aimerais que les autres apportent envers moi sans avoir à l'esprit quelque chose en retour.

Ma joie est dans l'expérience, non dans l'idée du résultat qui est source d'inquiétudes, d'attentes et de souffrances.

Voici les quatre comportements essentiels dans les relations.

# Être gentil avec mes enfants

Obéis à tes parents !

Sois sage et tais toi !

Respecte l'autorité !

Ne pose pas de questions !

Oui, oui, je sais, il faut bien éduquer nos enfants à respecter les règles pour bien vivre en société, mais pourquoi utiliser la violence verbale, les menaces et les ordres pour y arriver et ainsi ne pas respecter les états d'être de mes enfants ?

Mais si je ne suis pas conscient de ma façon d'être, alors je pourrais aggraver cette violence en accusant, condamnant et punissant mes enfants pour protéger mon ego, mon image de bon parent.

Heureusement, je me suis rendu compte que j'étais violent verbalement avec mes enfants et ainsi pouvoir choisir un comportement plus élevé afin d'être écouté avec intérêt sans devoir crier ni exiger rien !

## Comment j'ai su que j'étais violent verbalement avec mes enfants ?

Quand tout allait bien avec mes enfants, lorsqu'ils exécutaient mes ordres, respectaient mon autorité et m'obéissaient sans poser de question, il était rare que je sois violent envers eux.

Mais lorsqu'ils ne m'écoutaient pas, ne m'obéissaient pas, il y avait un problème, car je réagissais mal et je devenais plus violent verbalement pour arriver à mes fins, sans me soucier de ce que vivaient mes enfants.

Vivre confortable, vivre en toute sécurité, donc en ayant peur de vivre des problèmes est un idéal très dangereux, parce que si rien ne vient secouer mes profondes habitudes, mes croyances inconscientes, comment pourrais-je prendre conscience qu'il y a un comportement en moi qui ne fonctionne pas dans une quelconque relation ?

Comment pourrais-je évoluer en conscience de moi sans l'inconscience de moi ?

En vérité, sans ce sentiment mal en moi, jamais je n'aurai pu prendre conscience qu'il y a avait un problème et ainsi évoluer en conscience, en bien-être dans les relations avec mes enfants.

Je me suis libéré de cette violence verbale envers mes enfants selon les étapes suivantes :

## 1. Comment la maltraitance verbale envers mes enfants a pris naissance ?

Comme la plupart des parents, je désirais être un bon père de famille, me sentir bien en exerçant cette responsabilité, ce rôle.

Je voulais aussi que les autres me reconnaissent comme un père qui réussit, un père à la hauteur, un père respectable qui élève ses enfants à vivre bien en société, à vivre selon les règles ou les lois du monde.

Pour cela, je devais avoir leur obéissance totale, leur confiance absolue afin qu'ils se soumettent à mes ordres ou mes directives sans poser de question.

Ainsi, cette idée originale a pris naissance dans mon esprit à partir de mon monde extérieur et a façonné ma façon de penser sans m'en rendre compte.

Par conséquent, ma façon de penser ne venait pas de mes choix libres, mais par le conditionnement des autres nés avant moi.

Le monde extérieur a utilisé la peur, le jugement et la ruse pour me contrôler afin d'obtenir leurs désirs.

Je me souviens que ma mère criait beaucoup dans la maison, mais une fois en dehors, en public, elle montrait une toute autre image pour prouver aux autres combien elle était une bonne maman !

Elle disait souvent que je devais obéir, car c'était pour mon bien, pour mon éducation. Chaque jour, elle utilisait la violence verbale et physique pour m'éduquer convenablement selon les valeurs de la société qui sont en fait, les mêmes profondes croyances inconscientes que les siennes.

Ces profondes habitudes ou croyances me furent transmises par des gens qui se croyaient supérieurs et qui connaissaient tout de la vie, sauf de la leur !

Aujourd'hui, je vois très bien comment sont traités les enfants afin de les contrôler à se soumettre aux désirs des adultes nés avant eux.

Je l'ai été moi-même !

Mais existe-t-il des êtres inférieurs qui doivent obéir aux êtres supérieurs ?

Je regardais autour de moi et tout le monde croyait à cela, tout le monde croyait que les enfants étaient des êtres inférieurs et les parents, des êtres supérieurs.

Ainsi, j'ai cru que j'étais né comme un mauvais enfant et que je devais me soumettre, obéir à l'autorité et à leurs règles pour devenir un bon enfant.

Une fois adulte, j'ai eu des enfants, et cette profonde habitude, cette profonde croyance d'obéir à l'autorité parentale, de contrôler les enfants, faisait partie de ma façon de vivre en toute inconscience, tout comme ma mère jadis.

Ma violence verbale a donc pris naissance selon l'idée que les parents sont supérieurs aux enfants et qu'ils doivent obéir sans poser de questions.

Cette idée de vouloir contrôler les enfants a divisé les relations et s'est transformée en croyance pour ainsi aggraver ma violence envers mes enfants en exigeant le respect de l'autorité sans m'en rendre compte.

## 2. Pourquoi vouloir le respect de l'autorité si cela me rend plus violent ?

J'étais en colère contre mes enfants, parce qu'ils ne m'obéissaient pas.

Cette colère s'est transformée en violence verbale et que Dieu m'en garde, jamais en violence physique ! Plus ce comportement violent se répétait avec mes enfants et plus l'habitude s'installait en moi.

Je n'étais pas conscient que cela provoquait chez eux, une peur terrible dans les relations et ainsi vivre selon l'approbation des autre avant de faire quelque chose.

Ma mère non plus n'était pas consciente que cela a provoqué en moi, la même conséquence.

Cette croyance a aggravé ma violence envers mes enfants et se nommait :

Le respect de l'autorité.

Exiger le respect de l'autorité, donc de donner raison aux gens en position de force, en position de contrôle, en position de domination, en position de pouvoir, crée un profond conditionnement en eux qu'ils sont supérieurs aux autres, ont toujours raison et les autres, toujours torts !

Voilà comment les adultes, qui se disent intelligents, divisent les relations par la peur, au lieu d'unir les relations par l'amour et l'égalité, et ainsi perpétuer les conflits entre les générations.

Avais-je nourri cette obsession de supériorité en faisant croire à mes enfants qu'ils avaient besoin de moi pour survivre et s'aimer, et ensuite les manipuler avec la peur de l'autorité, qu'ils pouvaient perdre leurs besoins essentiels s'ils ne m'obéissaient pas ?

J'observe que presque tous les parents sont ainsi avec leurs enfants, et j'étais cette personne qui croyait au respect de l'autorité parentale, mais j'avais oublié de respecter mes enfants.

En vérité, je n'avais pas compris que vouloir le respect de l'autorité parentale était un comportement détestable, violent et égoïste envers mes enfants, peu importe les milliards de parents qui croient en cela !

Évidemment, je croyais que le respect de l'autorité parentale était la bonne chose pour éduquer mes enfants, mais cette croyance oubliait plusieurs choses fondamentales :

- Avais-je oublié les sentiments et les intentions de mes enfants ?

- Avals-je oublié que tous les êtres humains sont nés égaux ?

- Avais-je oublié que mon obsession pour le respect de l'autorité parentale séparait la relation avec mes enfants au moyen de mes désirs égoïstes ?

- Avais-je oublié que le point de vue de tout être humain est aussi important que celui d'un autre, peu importe son âge ?

- Avais-je oublié de ne pas faire aux autres ce que je n'aimerais pas que les autres me fassent ?

- Avais-je oublié que l'amour n'est pas de contrôler les autres à son avantage et ensuite affirmer que l'on fait cela parce l'on aime nos enfants ?

J'ai aggravé la maltraitance envers mes enfants, la violence verbale en exigeant le respect de l'autorité parentale et ainsi produire un conditionnement en moi sans m'en rendre compte.

Ainsi, exiger le respect de l'autorité parentale revient à dire d'oublier d'être respectueux et gentil avec mes enfants.

Cependant, tout a changé en moi lorsque j'ai accepté mon inconscience, mon oublie, lorsque j'ai compris ce processus en cause, lorsque j'ai arrêté de vouloir avoir raison, lorsque j'ai vraiment réalisé que j'étais le responsable de mon comportement violent envers mes enfants.

Sans l'acceptation de ma responsabilité, alors jamais je n'aurais eu le pouvoir de me débarrasser de la violence verbale envers mes enfants.

## 3. Qui a le pouvoir de se débarrasser de la violence familiale ?

Oui, j'ai crié souvent envers mes enfants pour qu'ils m'écoutent !

Oui, j'ai hurlé envers eux afin qu'ils comprennent !

Oui j'ai levé la voix pour leur faire peur !

Oui, j'ai gueulé pour les menacer, les intimider !

Les faits étaient très évidents et pourtant, je les ai nié pour bien paraître, pour montrer que j'étais un père à la hauteur afin de protéger mon image ou mon ego, peu importe l'amour propre de mes enfants.

Avais-je oublié qu'aucun être humain n'aime pas être incommodé, tourmenté ou apeuré ?

En vérité, si je n'accepte pas ma responsabilité d'avoir créé cette violence familiale, alors jamais je n'aurais eu le pouvoir, la confiance ni la motivation pour changer et mettre fin à cette horrible situation.

Par bonheur, j'ai prix conscience qu'il était beaucoup plus facile d'accepter ma violence envers mes enfants que de la nier pour bien paraître.

Mais avant tout, pourquoi laisser cette responsabilité à mes enfants si je dis que je les aime ?

## D'où venait cette habitude de nier ma violence verbale envers mes enfants ?

Je me souviens que ma mère avait une profonde habitude de vouloir bien paraître au devant des gens et que je devais me taire pour ne pas ternir cette image d'une mère qui éduquait convenablement ses enfants.

Pour une personne peu évoluée en conscience, le bien paraître est toujours plus important que les sentiments vrais des gens dans une relation !

Ainsi, j'ai grandi en ayant à l'esprit de bien paraître dans l'éducation de mes enfants et évidemment, je ne croyais pas être un père violent, je n'acceptais pas la possibilité que je l'étais et encore moi, que les autres me le disent.

L'habitude de nier, de cacher mes vérités pour bien paraître m'empêchait de voir, d'accepter ma responsabilité d'avoir créé mon comportement violent en cherchant à me faire obéir au moyen de l'autorité parentale.

Je cherchais à bien paraître en niant que j'étais violent, donc j'avais peur de ne pas être à la hauteur dans l'éducation de mes enfants.

Pourtant, cette peur de ne pas m'accepter tel que j'étais me paralysait et gardait plus fermement en place, toute la structure, le processus en cause, qui produisait la violence verbale envers mes enfants.

Cette résistance m'empêchait de me comprendre et ensuite choisir un comportement plus élevé.

Par conséquent, je croyais, comme la plupart des parents, qu'admettre ma violence était la dernière chose à faire, car en avouant cela, je déclarais que je m'étais trompé et ainsi croire que j'étais un être inférieur, un perdant.

Ma réaction fut donc d'abaisser mes enfants pour m'élever sur eux.

En vérité, je me suis trompé en imitant des adultes qui s'étaient trompés et cela était la première étape de ma libération...


## Avouer ma peur a libéré mon esprit et ainsi me faire confiance

Il est impossible d'être responsable si je n'accepte pas ma peur, ce que je nie à mon sujet, car je passe mon temps à me défendre, à attaquer, à argumenter, à inventer toute sorte de chose pour sauver la face, être à la hauteur.

Cependant, je ne pouvais pas le savoir, car tout le monde cachait ses vérités pour bien paraître et ainsi ne jamais en faire l'expérience pure afin de connaître ce qui est vrai, ce qui fonctionne pour être bien.

Mais en acceptant ma peur, alors j'ai pu être motivé à mettre fin à cette situation malheureuse en ayant confiance en moi pour déclarer ma vérité à mes enfants.

Lorsque j'ai avoué à moi-même que j'avais peur de ne pas être à la hauteur dans l'éducation de mes enfants et ainsi réagir avec violence, alors j'ai compris que je pouvais avoir tort et ainsi me libérer de ma croyance que j'avais toujours raison.

## Déclarer ma vérité envers mes enfants a permis d'accepter ma responsabilité totale

Si je crois avoir raison sur quelque chose, alors mon esprit est limité selon ce que je sais dans ma mémoire, mais si j'ai la volonté à ne pas chercher à avoir raison, alors mon esprit devient attentif et est ouvert à de nouvelles possibilités.

J'ai donc imaginé une façon de déclarer à mes enfants ce que je venais de m'avouer. J'y ai pensé souvent jusqu'au moment où j'ai eu une envie forte, où j'avais tellement hâte d'en parler à mes enfants.

Avant de déclarer que j'étais violent envers eux, que j'ai nié mes vérités pour bien paraître, que j'ai cherché à les contrôler par l'autorité parentale qui divise la relation, que je ne suis pas supérieur à eux, mais des êtres égaux qui s'expriment différemment, j'ai senti quelque chose d'inconfortable en moi avant de le faire, mais une fois dans l'action, j'ai immédiatement senti un grand bien-être qui me libérait de cette situation, me libérait de ma peur.

En vérité, il n'y a rien à perdre à vouloir être honnête, vulnérable et humain !

Il a été beaucoup plus facile pour moi d'accepter une fois pour toute, ma violence verbale envers mes enfants, que de la nier pour bien paraître.

Cela m'a fait prendre conscience qu'apprendre à maîtriser ma colère envers mes enfants fut une grave erreur.

## 4. Apprendre à maîtriser ma colère envers mes enfants fut une grave erreur

Le gros bon sens veut que la solution à la violence verbale envers mes enfants se trouve chez les gens éduqués, qualifiés, les professionnels ou les grands penseurs de ce monde !

D'avoir l'habitude de ne pas poser de questions, de leur donner une confiance aveugle et ainsi croire en eux, que la solution est d'apprendre à maîtriser ma colère ou ma violence verbale envers mes enfants.

Rien n'est plus éloigné de la vérité !

## Le gros bon sens n'a vraiment aucun sens

Le gros bons sens, la raison, l'accumulation de diplôme scolaire ou toute expertise professionnelle ne fonctionne pas pour mettre fin à la violence envers mes enfants, car si cela l'avait l'été, il y aurait très longtemps qu'elle n'existerait plus dans notre monde.

Cela est un fait évident, une vérité toute simple à voir, mais cacher ou nier, c'est vivre dans le mensonge, la peur et l'ignorance pour ne pas comprendre soi-même, un problème et le processus en cause qui le crée.

Il ne sert à rien de vouloir corriger un problème si je ne suis pas conscient de l'énergie en cause qui l'a créé, peu importe ce que je pense, dis et fais, car si je ne change pas l'énergie, alors je vais recréer le même problème et l'aggraver encore plus.

Voilà ce qui a du sens !

## Avais-je peur de donner tort aux gens en position d'autorité et de pouvoir ?

Les gens bien éduqués mais mal informés m'ont fait croire que les solutions à un problème devaient corriger l'effet par un effet contraire.

De corriger la violence verbale envers mes enfants en disciplinant ma pensée et en obligeant mon corps à faire le contraire comme par exemple :

- Je dois parler calmement et doucement ;

- Je dois éviter de crier à mes enfants ;

- Je dois avoir un comportement non violent envers eux ;

- Je dois ne pas être agressif dans mes propos ;

- Je dois apprendre à contrôler mes émotions de colère ;

- Je dois éviter de blesser mes enfants.

Tout cela me paraissait très sensé, mais lorsqu'une nouvelle situation se présentait, lorsque mes enfants ne m'obéissaient pas malgré ces solutions non violentes, alors je redevenais violent verbalement ou je cherchais hors de moi, d'autres solutions à la mode qui ne fonctionnaient pas non plus.

Discipliner ma pensée et obliger mon corps sont deux choses qui sont contraire à ma nature qui est la liberté de choisir.

Ce fut mon erreur d'avoir cru en des gens qui n'ont aucune conscience de qui ils sont et de ce qu'ils font. J'avais peur de leur donner tort, car ils parlaient avec autorité pour me juger et non avec amour pour me comprendre !

En vérité, ce n'est pas de faire confiance à tous ces gens avec leurs milliers de solutions à faire ou ne pas faire qu'il me fallait, mais bien une solution à être, une solution qui change l'énergie vitale en cause et ainsi transformer ce problème une fois pour toute.

## Quelle est l'énergie en cause qui me faisait réagir avec violence envers mes enfants ?

J'avais déjà observé que :

1. La cause originale qui a donné naissance à ma violence verbale envers mes enfants était l'idée que j'étais supérieur à mes enfants.

2. La condition qui redonnait naissance à ma violence envers mes enfants était la croyance que mes enfants devaient respecter l'autorité.

Je croyais que la cause originale (l'idée) était la source de toute chose, mais je me suis trompé, car j'avais oublié d'aller un peu plus profondément en moi où cette idée avait émergée. J'étais inconscient que j'avais un choix d'énergie avant l'idée en cause.

Ainsi, j'ai pris conscience du processus en cause :

- L'énergie en cause crée l'idée en moi par ma conscience ou inconscience ;

- L'idée en cause crée ma croyance par la répétition ;

- La croyance en cause recrée mon comportement ;

- Mon comportement cause l'effet du problème dans les relations.

Par conséquent, corriger mon comportement violent par un comportement non violent ne fait que solutionner temporairement ma violence, car je ne change pas l'énergie, l'idée ni la croyance et par conséquent, le comportement violent est toujours là lorsque se présente une situation similaire.

Mais en choisissant une autre énergie consciemment, alors l'idée se transforme, la croyance se transforme et le comportement se transforme sans aucun effort, aucune discipline imposée ni obligation à faire.

Tout commence par moi, donc par l'énergie que je suis.

Là, se trouvait l'ultime solution à ma violence verbale envers mes enfants, la fondation où le changement doit être fait, non en corrigeant l'effet par un autre effet.

## 5. Quelle fut l'ultime solution à la violence envers mes enfants ?

Je voulais me débarrasser de ma violence verbale envers mes enfants en utilisant, sans m'en rendre compte, le savoir et l'expérience des autres.

De chercher tout ce que je croyais bon pour y arriver.

Cependant, toutes ces réponses étaient des solutions à faire qui n'ont jamais fonctionnées, car elles ignoraient une solution à être avant toute chose !

Voilà pourquoi la violence verbale continuait malgré ma bonne volonté.

En vérité, l'ultime solution consistait tout bonnement à choisir consciemment un autre état d'être, à choisir une autre source d'énergie en cause.

## Quelle était la source d'énergie qui causait cette violence envers mes enfants ?

Être est l'énergie ou la source de toute création, mais je ne le savais pas, car j'ai été conditionné et éduqué par des gens qui ne le savaient pas non plus !

Des gens inconscients où la seule chose qui comptait pour eux était d'avoir toujours raison, ne jamais se remettre en question et ne pas voir qu'il y avait quelque chose de plus profond que leurs croyances.

Des gens qui, par habitude, ont toujours mis le verbe faire (penser, parler et agir) comme unique façon de solutionner un problème et oublier le verbe être, oublier la source de toute idée créative et ainsi vivre dans un monde imitatif.

Par conséquent, j'ai vécu ma vie sans être conscient de l'existence de mon âme (être) et ainsi croire que j'étais un corps (faire) !

Je pouvais voir mon corps, mais je n'étais pas certain de l'existence de mon âme.

Et pourtant, mes sentiments ou états d'être sont bien vrais mêmes s'ils sont invisibles. J'ai pris conscience de mon âme au moyen des nombreux sentiments mal que j'ai vécus sans porter de jugement, mais de les accepter et les comprendre tels qu'ils sont.

Et surtout, de ne plus jamais réagir si j'avais en moi un sentiment mal, car cela produisait uniquement des conflits dans mes relations.

Ces sentiments ou états d'être sont le langage de mon âme. Il en va ainsi avec tous les autres êtres humains, peu importe qui ils sont.

Si je ne suis pas attentif à mes sentiments, je ne le serai pas envers ceux de mes enfants et alors, je vais réagir inconsciemment avec une énergie qui oublie l'autre, qui ne s'intéresse pas à l'autre, et qui est concentrée sur ce que je veux.

Cette énergie ou état d'être qui oublie l'âme, qui nous divise, nous sépare, est la peur.

Ce que je ne suis pas.


## La peur est l'énergie qui sépare et divise les relations avant de faire quelque chose

Je ne suis pas la peur, mais elle doit exister pour choisir une autre énergie, car en l'absence de choix, aucun choix n'est possible et ainsi réagir de la même façon sans m'en rendre compte.

Cette réaction inconsciente est celle d'avoir peur de perdre quelque chose ou quelqu'un.

Pour me protéger de cette perte, mon esprit réagissait en cherchant des idées, des solutions à faire pour gagner, pour contrôler, pour manipuler, pour obliger mes enfants à se soumettre à moi afin d'obtenir ce que je voulais sans vraiment me soucier d'eux, même si j'en parlais souvent.

Jamais dans ma vie je ne cherchais à comprendre les sentiments de mes enfants avant de faire quelque chose. J'étais uniquement intéressé et concentré sur mes désirs individuels et non sur mes désirs de l'âme, de l'unité.

Par conséquent, si je voulais changer cette idée de supériorité, cette croyance en l'autorité parentale et mon comportement violent envers mes enfants s'ils ne m'obéissaient pas, je devais connaître les désirs de mon âme avant de penser faire quelque chose.

## Je ne suis pas un corps, je suis une âme et mes enfants également

Sans un changement de perception, sans avoir un nouveau point de vue, alors ma façon de penser sera toujours la même.

Par exemple, si je suis un doigt et que je peux voir les autres doigts, je vais croire que je suis séparé des autres doigts. À partir de ce niveau de conscience, je vais créer toute sorte de connaissances, des faits mesurables pour le prouver. Je crois que nous sommes séparés et mes désirs le sont aussi !

Mais en élargissant mon point de vue, que je suis plus grand qu'un doigt, que je suis une main et que les doigts font partie d'un tout, d'une unité, alors à partir de ce niveau de conscience, je vais ajouter plus de connaissances à mon sujet sans aucun faits mesurables pour le prouver.

Je suis conscient que nous sommes unis tout en voyant l'illusion que nous sommes séparés et mes désirs le sont aussi !

Pourquoi alors blesser les autres doigts de ma main pour obtenir ce que je veux ?

Pourquoi blesser mes enfants en criant, en les violentant et en les menaçant afin d'arriver à obtenir ce que je veux d'eux ?

Ne suis-je pas à la fois un doigt, une main et aussi un corps ?

Y a-t-il des doigts, des parties de moi, de mon corps qui sont plus importantes que d'autres, meilleures que d'autres ?

Certes, il y a des différences, mais aucune n'est plus importante ni meilleure que l'autre.

En d'autres termes, je devais être conscient que nous sommes séparés de corps, mais unis dans l'âme, dans nos sentiments d'être.

## Mais quelle était cette énergie qui unissait avant de faire quelque chose ?

Cette énergie ou état d'être qui se rappelle de l'âme, qui nous unit, nous libère, est l'amour.

Ce que je suis.

Ne serait-il pas plus naturel, donc aimable et juste de ne pas obliger mes enfants à faire quelque chose pour moi ? De voir qu'ils ne sont pas à mon service, qu'ils ne sont pas nés pour satisfaire ma volonté ni pour m'idolâtrer ?

De le traiter comme des êtres humains égaux à moi, non comme des enfants inférieurs parce qu'ils sont petits et jeunes !

La violence est entrée dans ma vie, car je n'étais pas conscient qu'il existait en moi, un choix d'être, un choix d'énergie entre la peur ou l'amour.

Faute de le savoir, faute de cette conscience, alors j'ai imité les autres nés avant moi qui ne le savaient pas non plus.

## Comment choisir consciemment un état d'être avant de faire quelque chose ?

La vie consiste à un mouvement, à un échange d'énergie dans mes relations, un échange de comportement ou état d'être. Je suis cette énergie, c'est mon âme qui me parle au moyen de mes sentiments d'être et de mes désirs d'être.

Avais-je oublié ma nature fondamentale, soit l'énergie qui lance ma pensée ?

J'ai oublié ma nature en croyant les gens nés avant moi concernant l'existence des désirs de l'être, de l'âme, donc du choix libre entre la peur et l'amour, entre ce qui divise et ce qui unit avant de faire quelque chose.

J'ai oublié cette unité, cet amour, car je cherchais, par habitude, à vouloir quelque chose de mes enfants par l'obéissance, la peur, la culpabilité ou la ruse, et utiliser la violence si je ne l'obtenais pas.

Ainsi il me suffisait de connaître consciemment mes sentiments et ceux de mes enfants avant de penser faire quelque chose. L'âme n'a qu'un seul désir qui est commun à tous, soit de s'exprimer librement afin d'être bien, car nous sommes un, nous sommes une main.

L'ultime solution à ma violence verbale reposait en moi, dans ce choix entre être uni dans l'amour ou être séparé dans la peur, et personne au monde ne pouvait être et le faire à ma place dans la relation avec mes enfants.

Vouloir être écouté par mes enfants sans crier ni menacer débute par la conscience de notre unité qui s'exprime sans l'idée de supériorité ni la croyance d'exiger le respect de l'autorité.

## 6. Comment être écouté par mes enfants sans crier ni exiger rien ?

Je voulais être reconnu comme un bon père de famille. Je voulais être respecté par mes enfants. Je voulais être écouté par eux. Et je voulais le bonheur de mes enfants.

En fait, j'étais uniquement concentré sur ce que je voulais et alors, j'étais violent verbalement envers mes enfants si je n'obtenais pas ce que je voulais.

Cependant, j'ai pris conscience que je ne pouvais pas avoir ce que je voulais dans la vie, mais bien de vouloir ce que j'ai.

Mais d'où venait mon habitude de vouloir quelque chose de mes enfants ?

Ma mère me disait souvent que ce qu'elle faisait était pour mon bonheur, mon bien-être, mais en vérité, je me sentais très mal quand elle :

- Me criait, au lieu de me parler avec gentillesse ;

- M'obligeait, au lieu de me laisser la liberté de dire non ;

- M'exigeait, au lieu de me motiver par une question ouverte ;

- Me comparait, au lieu de m'aimer tel que j'étais ;

- Me niait, au lieu de m'accepter ;

- Me manipulait, au lieu de ne pas m'imposer ses conditions ;

- Me condamnait, au lieu d'accepter mes fautes.

En d'autres termes, elle me blessait pour arriver à ses fins et me faire croire que cela était pour mon bien.

Je comprends ma mère et je ne la juge pas, car elle n'avait pas eu d'autres points de vue pour choisir un comportement non violent.

En grandissant, j'ai imité ces comportements en cherchant uniquement ce que je voulais, donc en oubliant notre unité, en oubliant les désirs de mes enfants, en oubliant nos sentiments.

## Mais pourquoi j'étais incapable de compassion envers mes enfants ?

Mon inconscience de me mettre à la place de mes enfants et mon incapacité à ressentir ce qu'ils vivaient étaient ce qui a permis à ma violence de continuer. La séparation engendre l'indifférence et l'injustice ou la supériorité, mais l'unité produit la compassion et l'égalité authentique.

Ce concept de séparation était fortement enraciné dans l'idée que les parents étaient supérieurs aux enfants et qu'ils devaient respecter l'autorité.

Mais cela n'a fait qu'ignorer les sentiments que vivaient mes enfants tout en les rendant coupables pour me justifier, pour ne pas voir ma responsabilité.

Lorsque j'ai pris conscience que mes enfants et moi étions unis dans l'âme, que nos sentiments étaient la fondation, la cause première de toute chose avant de faire quelque chose, alors je me suis souvenu que j'avais déjà été tout cela auparavant, donc je n'avais rien à apprendre.

Il me suffisait de me souvenir que j'ai déjà été non violent et le faire le plus souvent de façon consciente, non de façon inconsciente.

Pour cela, je n'avais qu'à me souvenir combien cela me faisait du bien lorsque mes parents étaient gentils ou lorsque j'étais gentil envers mes enfants.

Avais-je oublié combien je me sentais bien lorsque :

- Je parlais avec gentillesse sans élever la voix ;

- Je disais à mes enfants qu'ils pouvaient me dire non sans représailles ;

- Je m'intéressais comment ils se sentaient dans certaine situation ;

- Je respectais leurs sentiments sans vouloir les changer ;

- Je montrais mon humanité, ma vulnérabilité en disant mes erreurs ;

- Je les aimais tels qu'ils étaient sans faire de comparaison avec les autres ;

- Je me montrais en exemple pour les guider à faire de même.

En fait, ma solution était d'intégrer ces comportements dans mes relations avec mes enfants en étant conscient que nous étions unis dans l'âme, dans nos sentiments avant de faire quoique ce soit.

D'être conscient de ne pas faire sentir à mes enfants, ce que je n'aimais pas que mes parents me faisaient sentir, de me rappeler ce qui me faisait du bien et le faire consciemment et souvent envers mes enfants.

J'avais déjà tout cela en moi et je n'avais pas besoin de l'exiger de mes enfants, mais j'avais oublié qui j'étais en suivant des gens qui l'avaient oublié en croyant devoir l'obtenir de leurs enfants, au lieu de l'offrir.

## J'avais déjà ce que je voulais, il suffisait de l'offrir à mes enfants

Je voulais être reconnu, il suffisait de reconnaître mes enfants. Je voulais être respecté, il suffisait d'être respectueux envers mes enfants. Je voulais être écouté, il suffisait d'être à leur écoute et poser des questions. Je voulais leur bonheur, il suffisait d'être gentil avec eux.

Cela me faisait tellement de bien d'être gentil avec mes enfants sans rien n'exiger d'eux, sans vouloir leur écoute à tout prix, mais de leur laisser la liberté de choisir d'être, de faire et d'avoir selon un certain encadrement, compte tenu de leur conscience.

# Être aimable avec ma femme

Vivre une relation amoureuse est vraiment quelque chose de merveilleux dans la vie.

Et pourtant, j'ai vécu de nombreux conflits en couple, des séparations douloureuses et un divorce difficile.

En fait, je ne m'étais pas rendu compte que l'amour s'était changé en besoin, en peur inconsciente de perdre mon bonheur et ainsi produire une profonde habitude de dépendance qui m'a fait réagir de façon inappropriée pour tenter de retenir ma femme.

Cependant, ma conscience s'est transformée lorsque j'ai compris que le besoin d'amour était une illusion, puis choisir consciemment et délibérément, d'intégrer des nouveaux états d'être aimables qui existaient déjà en moi, mais que j'avais oubliés en imitant des gens qui les avaient oubliés.

# Le besoin d'être aimé est une illusion

Le besoin d'être aimé est une formidable illusion qui m'empêchait de m'aimer et d'aimer en croyant, comme presque tout le monde, que ma femme devait combler mes besoins d'amour et moi, les siens.

Et lorsque ces besoins n'étaient pas comblés, alors ma réaction était d'exiger de l'amour en utilisant un comportement détestable, méprisable, injuste, violent et irresponsable, puis de faire des promesses et imposer des conditions comme solutions finales.

En vérité, j'attendais d'elle de l'amour et ainsi oublier d'aimer, oublier d'être aimable !

Je me suis libéré de cette illusion, ce besoin d'amour, cette peur de perdre ma femme en plusieurs étapes :


## 1. Comment le besoin d'être aimé par ma femme a débuté ?

Je voulais une relation amoureuse avec une femme

Je désirais être avec une femme qui me plaisait !

Être bien dans une relation de couple !

Cependant, sans m'en rendre compte, j'ai imité mes parents et tous les autres adultes en croyant que la plus haute forme d'amour était que ma femme devait combler mes besoins et moi, les siens...

Je me suis trompé, car le problème n'était pas l'amour, mais l'idée d'avoir des besoins à combler dans une relation de couple.

## Le problème n'est pas l'amour, mais le besoin

J'ai vécu des séparations difficiles et un divorce qui m'a apporté beaucoup de peine, mais cela m'a fait prendre conscience que je faisais fausse route dans les relations de couple.

Je suis reconnaissant de ne pas avoir cherché à jouer à la pauvre victime ni à croire que les femmes sont de méchantes personnes, mais à accepter sans jugement, mes situations telles qu'elles étaient.

Je comprends aujourd'hui que lorsque des milliards de gens croient que l'amour est de combler les besoins de l'autre, que c'est la nature de l'homme d'avoir besoin d'être aimé, qu'il est presque impossible de croire à autre chose par la pression de l'environnement.

De toute évidence, j'avais à l'esprit, l'idée que ma femme devait combler mes besoins et ainsi oublier de comprendre ce qu'est le besoin.

En vérité, le besoin transforme l'amour authentique, donc ce que je suis, en une peur inconsciente, donc ce que je ne suis pas.

## Le besoin transforme l'amour en peur

Toutes mes relations amoureuses ont débuté dans la joie, la liberté, le neuf, l'attention et la compréhension, mais au moment où j'ai déclaré mon amour, j'ai à cet instant créé ma plus grande peur, la peur de perdre cette femme, la peur de perdre l'amour de cette femme et me retrouver seul, ne pas être aimé.

Pour ne pas la perdre, j'ai réagi à vouloir la retenir, la garder pour moi, la posséder comme une chose exclusive et ainsi exprimer un comportement malsain, détestable envers elle.

- La joie s'est changée en monotonie ;
- La liberté s'est changée en contrôle sur elle ;
- Le neuf s'est changée en sécurité du connu ;
- L'attention s'est changée en indifférence ;
- La compréhension s'est changée en jugement.

J'avais peur de la perdre et je n'étais pas conscient que j'avais transformé l'amour en peur et ainsi oublier de m'aimer, oublier d'observer mon comportement dans ma relation avec une femme.

## Le besoin d'amour m'a empêché de m'aimer et ainsi vouloir être aimé

Toute ma vie on m'a éduqué qu'il fallait mieux donner que de recevoir, mais je ne pouvais pas donner ce que je n'avais pas...

Comment pouvais-je donner ou offrir de l'amour en abondance si je n'avais pas une abondance d'amour à donner, à offrir à ma femme ?

On m'a conditionné l'esprit à aimer l'autre, à combler ses besoins et ainsi être aimé en retour afin d'être digne de m'aimer.

Mais c'est exactement le contraire qui fonctionne, je devais m'aimer d'abord par moi-même. L'oublie de soi n'est pas l'amour, mais l'absence d'amour envers soi-même et par conséquent, compenser cela en voulant, en ayant besoin d'être aimé.

Le problème n'est donc pas l'amour, mais cette idée du besoin qui a produit une profonde croyance que mon bonheur dépendait d'une femme.

Lorsque je m'aime, je n'ai absolument pas besoin d'une femme pour m'aimer et par conséquent, j'aime ma femme librement sans dépendance ni exigence ni aucune peur.

Ma femme peut ainsi m'aimer sans avoir l'obligation de m'aimer, mais la liberté de choisir de m'aimer.

## 2. Pourquoi vouloir être aimé d'une femme si cela me rend dépendant ?

Je croyais, comme la plupart des gens, que ma femme devait combler mes besoins d'amour afin d'être heureux. Et que je devais combler ses besoins pour qu'elle soit heureuse !

Cela me paraissait tellement sensé et logique, mais en observant attentivement cette croyance et mes propres expériences, j'ai compris que cela ne fonctionnait pas dans une relation amoureuse.

En fait, j'aggravais à mon insu, un comportement haïssable en exigeant à ma femme de l'amour et cela se nommait :

La dépendance affective.

## Être aimé est sain, exiger d'être aimé ne l'est pas

Ma nature est d'aimer et être aimé.

Ma nature est aussi la liberté de choisir et non me faire imposer quelque chose des autres.

Avais-je oublié d'être attentif à la nature de ma femme en étant uniquement concentré sur ce que je voulais sans égards à ses sentiments ni ses choix d'être ?

Certes, il est saint d'être aimé par ma femme, mais l'exiger, le réclamer, n'est plus de l'amour, mais une version contrefaite pour ma propre satisfaction sans offrir la liberté de choix à ma femme.

L'amour donne tout et n'exige rien !

## L'exigence crée et recrée ma dépendance affective envers ma femme

Lorsque tout allait bien dans ma relation de couple, lorsque ma femme comblait mes besoins, mes désirs, mes satisfactions, alors je me sentais aimé.

Je me sentais confortable dans cette relation !

En vérité, je croyais profondément que sans elle, sans son amour, que je n'étais pas digne de m'aimer, donc j'avais oublié de m'aimer et aimer ma femme en voulant coûte que coûte, en exigeant d'être aimé d'elle pour compenser cet oublie, ce manque.

Sans m'en rendre compte, j'étais obsédé et j'abusais d'elle dans cette forme de sécurité, car plus je recevais, plus j'en voulais et plus je perdais toute initiative d'agir moi-même pour combler mes besoins.

Par habitude, j'utilisais ma femme comme une chose, un objet que je possédais, que je contrôlais pour arriver à mes fins et oublier d'utiliser mon pouvoir personnel.

## L'habitude d'exiger l'amour produit l'oublie de m'aimer et d'aimer ma femme

Lorsque je n'étais pas heureux, lorsqu'il y avait quelque chose qui ne me plaisais pas, j'arrivais immédiatement à la conclusion, que ma femme ne m'aimait pas et était la cause de mes malheurs.

Je me sentais mal dans cette relation !

Évidemment, je réagissais en l'accusant, la critiquant et lui reprochant de ne pas me rendre heureux, de ne pas m'aimer.

Je ne me rendais pas compte de mon comportement détestable et méprisable pour contrôler et ordonner à ma femme de combler mes besoins au nom de l'amour et ainsi la manipuler par la ruse ou la peur.

Avais-je oublié de m'observer ?

Avais-je oublié de faire des actions aimables ?

Avais-je oublié que je contribuais à mon malheur ?

Je n'étais pas conscient que la peur de perdre ma femme causait ma dépendance et m'empêchait de la vaincre et m'en libérer.

## 3. Qui a le pouvoir de vaincre la dépendance affective ?

J'exigeais l'amour exclusif, mais lorsqu'elle avait un comportement aimable avec d'autres, je lui reprochais d'être indifférente avec moi.

Je lui demandais de faire des choses, mais lorsqu'elle décidait de faire autre chose, je la blâmais d'être sans-coeur.

Je lui demandais de s'oublier pour moi, mais lorsqu'elle pensait à elle, je la critiquais d'être égoïste.

Malgré ces faits évidents, je niais ma dépendance affective en jouant à la pauvre victime et en croyant que tout ce qui m'arrivait était de sa faute.

Cependant, les choses ont changé lorsque j'ai pris conscience que j'étais le seul responsable de mon bonheur.

## Nier ma dépendance, c'est nier ma responsabilité et culpabiliser ma femme

En observant le monde, j'ai remarqué que rares sont ceux qui admettent leur dépendance affective malgré les faits et accusent leur conjoint de ne pas les rendre heureux.

Je faisais partie de ce monde.

Je croyais qu'il existait des victimes et des méchantes personnes.

Tant et aussi longtemps que je croyais à cela, je niais ma responsabilité et je n'avais aucune motivation ni aucune réponse adéquate pour changer ma situation.

C'était ma femme qui avait créé mon malheur et ma femme croyait également que j'étais la cause de son malheur. Ainsi, personne n'avait le pouvoir de changer quelque chose, car chacun se voyait comme des victimes des agissements fautifs de l'autre.

## Ce n'est jamais une question de faute, mais une question de choix !

J'avais choisi inconsciemment d'imiter les autres en croyant que le plus grand amour était d'avoir besoin de ma femme pour être heureux...

J'avais opté pour un choix moindre sans m'en rendre compte !

Ainsi, rien ne changeait, car personne ne se voyait responsable d'avoir créé cela et ainsi croire que notre malheur était causé par l'autre !

En vérité, je protégeais mon ego, au lieu de m'accepter tel que j'étais et ensuite avoir le pouvoir de faire un choix plus élevé.

Ma responsabilité d'avoir créé mon malheur est entrée en existence, lorsque j'ai compris que ma femme n'était pas la coupable de mes malheurs ni la responsable de mon bonheur.

Il n'y avait personne d'autre que moi qui créais mon bonheur ou mon malheur, j'étais l'unique responsable.

Je devais donc changer ma façon d'être avec ma femme, mais sans imiter les autres qui croyaient que les promesses et les conditions en échange étaient la meilleure solution pour faire durer une relation.

## 4. Quelle est la pire solution pour demeurer dans une relation d'amour ?

J'ai vécu un divorce malgré des promesses mariage en échange ! J'ai vécu des séparations malgré des conditions en échange !

En fait, je croyais comme tout le monde, que ces solutions étaient les meilleures afin de demeurer longtemps dans une relation de couple en exigeant de respecter les promesses et les conditions.

Tout ça pour retenir l'autre afin de combler mes besoins d'amour et nier ma dépendance affective.

Comme si la durée en temps était le but le plus important et ainsi oublier les sentiments de l'âme, notre bien-être à chaque instant.

Pourquoi s'échanger des promesses et des conditions si cela causent des inquiétudes, des disputes et tuent l'amour dans une relation amoureuse ?

Étrangement, c'est en comprenant cette profonde habitude, que j'ai pris conscience que je m'étais trompé de solution malgré les nombreuses personnes qui croyaient l'inverse.

En vérité, c'était la pire solution !

## Mes inquiétudes s'aggravaient avec des promesses en échange

Je te promets de te rendre heureuse ! Je te promets que je vais t'aimer toute ma vie ! Je te promets d'être honnête et fidèle ! Je te promets que je vais prendre soin de toi !

De nombreuses promesses pour bien paraître, pour être à la hauteur, pour avoir des garanties, mais qui causaient des inquiétudes et des disputes, car elles étaient des paroles vides de sens, des attentes, des conséquences futures que je ne pouvais pas assumer totalement ni même ma femme.

En fait, comment puis-je connaître l'avenir, connaître mes sentiments et mes réactions si ma nature est en changement constant et si je ne contrôle pas toutes les circonstances dans la vie ?

Les promesses tuent l'amour, tuent l'action aimable dans une relation en mentant, en trompant ou en me justifiant pour protéger mon ego des promesses non tenues et des promesses que je ne pourrais jamais tenir.

De toute évidence, il est impossible d'être sincère avec des promesses, uniquement avec des actions aimables dans l'instant présent sans rien promettre à l'autre dans le futur !

## Ma dépendance augmentait avec les conditions en échange

Si tu me donnes du sexe, alors je te donnerai de la sécurité ! Si tu me rends heureux, alors je te rendrai heureuse ! Si tu n'aimes que moi, alors je ne serai plus jaloux ! Si tu fais la cuisine, alors je ferai le lavage ! Si tu t'engages à respecter nos conditions, alors je respecterai les miennes !

Les conditions sont en fait, des exigences à faire pour satisfaire l'autre en s'échangeant des engagements et ainsi dépendre de l'autre pour se faire aimer.

Mais si l'autre n'a rien à me donner en échange, alors ma mémoire limitée par les croyances imposées arrive à la conclusion que cette personne n'est pas importante pour moi, n'est pas importante pour obtenir mes besoins ou satisfactions !

Je vis donc en croyant que mon bonheur dépend de l'autre. Par conséquent, pour me protéger d'un tort possible, d'une perte possible, d'une souffrance possible, d'un malheur possible, alors je suis prêt à faire du tort à ma femme en l'obligeant à respecter ses conditions.

Cela n'est pas l'amour ! Cela n'est pas qui je suis ni qui est ma femme.

Pourquoi vouloir respecter les conditions, au lieu de respecter les sentiments des êtres humains ?

En vérité, l'amour pure n'a pas besoin de conditions pour s'exprimer, mais uniquement la liberté de choisir sans avoir à l'esprit un quelconque retour de l'autre en échange.

De toute évidence, il est impossible d'être libre avec des conditions, uniquement en offrant à chaque instant, le choix à l'autre de faire ou ne pas faire quelque chose et en lui demandant la permission sans aucune exigence imposée !

## Le choix du but d'une relation d'amour doit être plus élevé que le temps

J'avais imité les autres en croyant que le but premier d'une relation amoureuse était la durée, le nombre d'année, de rester ensemble pour toujours, de retenir l'autre par la peur et la culpabilité.

Je me suis divorcé et séparé, j'avais mis l'importance sans m'en rendre compte, sur un but moindre.

Ainsi, mes actions et réactions avaient comme base d'empêcher ma femme de partir, de l'obliger à rester avec moi, de la culpabiliser si elle ne me rendait pas heureux, peu importe nos sentiments, notre bien-être à tous les deux.

Pourtant, je n'ai pas envie de partir, lorsque je me sens bien avec quelqu'un et j'ai souvent envie de partir ou m'éloigner, lorsque je ne me sens pas bien dans une relation. Pourquoi faire subir ce genre de relation à ma femme ?

J'ai compris après plusieurs échecs amoureux, que le fait de choisir un but plus élevé, comme de ne jamais oublier notre bien-être à chaque instant, alors je n'ai plus jamais eu d'inquiétudes ni de dépendance dans ma relation avec une femme.

C'est cela qui a fait en sorte que dans ma relation de couple, nous restons ensemble sans avoir à l'esprit le nombre d'année, le temps et ainsi ne jamais utiliser de promesses ni de conditions...

En vérité, c'est en promettant du bonheur à ma femme qu'elle est partie et c'est en voulant la contrôler avec des conditions que j'ai aggravé mes inquiétudes et ma dépendance.

Heureusement, ce choix moindre m'a permis de faire un choix plus élevé pour rester en amour dans une relation en ayant comme but premier, notre bien-être de l'âme, au lieu de la durée en temps qui venait de la peur de perdre ma femme en ayant besoin d'elle.


## 5. Existe-t-il un choix plus élevé pour être bien et rester en amour ?

J'ai cherché souvent, hors de moi, des solutions pour rester en amour !

J'ai fait confiance à des spécialises en relation d'aide qui n'avaient aucune expérience ni vérité propre comme exemple en croyant à tort, que leur expertise professionnelle était une source fiable !

J'ai lu un tas d'idées sur Internet qui étaient très superficielles ! J'ai écouté des amis avec leurs nombreux conseils ! Et j'ai imité les autres couples !

Curieusement, je n'étais pas conscient que la meilleure solution ne se trouvait pas chez les autres, mais qu'elle existait déjà en moi.

J'étais la solution... et tous ces gens avaient oublié qu'ils étaient, eux aussi, la solution à leur bien-être dans une relation amoureuse.

## Accepter sans jugement la pire solution

Lorsque j'ai accepté et compris que la pire solution en amour était les promesses et les conditions pour satisfaire mes besoins, alors mon esprit m'a apporté la clarté et la sagesse nécessaire pour faire entrer en existence, le choix le plus élevé pour être bien et rester en amour avec ma femme.

En vérité :

- Aimer sans besoins, c'est aimer sans dépendance ;

- Aimer sans exigences, c'est aimer sans peur ;

- Aimer sans promesses, c'est aimer sans attentes ni mensonges ;

- Et aimer sans conditions, c'est aimer purement.

En d'autres termes, aimer purement, c'est aimer sans séparation.

## Aimer sans séparation en toute conscience des sentiments de l'âme

Lorsque j'ai à l'esprit, un but en fonction de la durée ou recevoir quelque chose, alors je vis en oubliant mon âme et celle de ma femme.

Je vis comme si j'étais un corps et ma femme un autre corps. Je vois nos corps et je suis convaincu que nous sommes séparés.

Cependant, je ne suis pas convaincu que je suis une âme, car j'ai été conditionné à croire ce que je vois et entends, non ce que je ne vois pas et n'entends pas. Pourtant, mes sentiments sont bien vrais ainsi que ceux de ma femme !

En vérité, si je vis en étant conscient de nos âmes s'expriment différemment dans le monde physique, alors mon but n'est plus une question de désir individuel différent, mais une question de désir relationnel commun qui est attentif à nos sentiments de l'âme avant de faire quoique ce soit.

Par conséquent, je n'oublie pas mes sentiments ni ceux de ma femme avant de penser, dire ou faire quelque chose. Je m'assure de comprendre le monde intérieur avant de réagir dans le monde extérieur au moyen d'un comportement aimable.

Le choix le plus élevé est celui d'être conscient que nous sommes un, une énergie ou état d'être avant de faire quelque chose.

Être est l'énergie ou la source de toute création, mais je ne le savais pas, car j'ai été conditionné et éduqué par des gens qui ne le savaient pas non plus !

Tous mes problèmes de relation d'amour se créaient parce que je n'étais pas conscient de cela. Je vivais séparé de ma femme et j'encourageais ma femme à vivre séparée de moi.

## Être conscient des sentiments est le choix le plus élevé pour rester en amour !

Je n'avais pas besoin de personne pour connaître mes sentiments et ceux de ma femme. Je comprends maintenant mon erreur que si je cherche hors de moi, une solution, alors je m'éloigne de mes vérités.

Personne au monde ne peut être à ma place dans une relation afin d'avoir l'intention de connaître mes sentiments et ceux de ma femme.

Personne au monde ne peut être à ma place afin d'aimer purement une femme !

En fait, il ne s'agit pas de faire quelque chose afin d'être aimé, mais bien d'aimer avant de faire quelque chose.

## 6. Comment aimer purement une femme et éviter qu'elle parte ?

J'ai cru, comme la plupart des gens, que le besoin d'être aimé par une femme m'apportait un sentiment d'importance, de la dignité, un grand bonheur qui prouvait ma valeur personnelle, mon estime de moi, l'amour de moi.

Mais lorsque j'ai vécu un divorce et des séparations, alors cette estime envers moi, cette fierté que j'avais de moi s'est réduite à rien.

J'ai touché le fond du baril, je me suis senti si vide !

À cet instant, j'ai compris que je comptais sur une femme pour remplir mon coeur, mais que cela n'était qu'une illusion que je croyais vraie. Voilà comment j'en suis venu à vivre en dépendant de l'amour d'une femme pour m'aimer et m'apprécier.

Pas étonnant que j'ai cherché inconsciemment, des solutions pour la retenir avec des promesses et des conditions !

En toute vérité, j'avais complètement oublié d'intégrer des comportements aimables sans rien vouloir ni exiger quelque chose en retour...

Des comportements aimables qui existaient déjà en moi.

## Le véritable amour ne vient pas des autres, mais de moi-même envers moi !

Je me souviens que j'avais toujours à l'esprit d'avoir un retour dans une relation amoureuse, car on m'avait tellement fait croire en une relation gagnant gagnant.

Gratte-moi le dos et je vais te gratter le dos.

Toutes les images à la télévision, au cinéma et en personne confirmaient cette croyance.

Ainsi, lorsque je faisais une action aimable, j'avais à l'esprit que je devais recevoir quelque chose en retour, une certaine récompense satisfaisante pour moi. Cela n'est pas l'amour, mais des attentes, des conditions qui produisaient des inquiétudes en moi.

Mais lorsque j'ai choisi consciemment et délibérément de commencer à faire des actions aimables à ma femme sans avoir à l'esprit un retour ni de remerciement, alors ma joie était totale envers moi, car l'action n'avait pas comme but de me faire aimer d'elle, mais bien mon propre bonheur en premier et le sien en même temps.

Je ne dis pas que je n'aime pas que ma femme soit aimable envers moi, je dis que je ne l'oblige pas, je ne l'exige pas. Voilà une grande différence.

En d'autres termes, l'amour pur n'exige rien des autres, l'amour de soi n'est pas l'amour que je reçois de ma femme, mais l'amour que je reçois de moi-même, lorsque je suis aimable envers ma femme en toute liberté et aussi lorsque ma femme est libre de m'aimer sans se sentir obligée de m'aimer.

Je ne cherche qu'à rendre possibles les choix de ma femme, car je sais que son choix le plus élevé est mon choix le plus élevé, lorsque je suis conscient que nous sommes une âme et non deux corps séparés... même si je sais qu'elle ne le sait pas toujours.

Mon choix le plus élevé est le choix le plus élevé de ma femme sans aucune exigence en retour.

## J'avais déjà ce que je voulais, il suffisait de l'offrir à ma femme sans aucune exigence

Je croyais profondément que je n'avais pas en moi, ce que je voulais pour moi et ainsi chercher à l'obtenir de ma femme. Évidemment, je parle d'état d'être, de sentiment, non de chose matérielle, car je suis une âme et non un corps.

En vérité, je ne savais pas comment aimer purement, car le monde des adultes où je suis né aimait avec des besoins à combler, des promesses à tenir, des conditions à échanger et des exigences à respecter.

Pour faire obéir et contrôler l'autre à ce genre d'amour, ma réaction ou mon comportement était d'utiliser la violence, la peur, la menace, le jugement, la culpabilité et la supériorité. Cela créait chez ma femme l'envie de partir loin de moi, car si ma femme faisait la même chose, alors j'aurai envie de partir à mon tour.

Je voulais qu'elle reste et je voulais être aimé par ma femme, et pourtant, il suffisait d'être aimable envers elle, mais j'avais oublié que j'étais déjà cela. C'était ma nature dès ma naissance, mais j'ai écouté des adultes totalement inconscients de qui ils sont et je suis devenu comme eux par imitation.

Cependant, les adultes m'avaient montré ce que ma nature n'était pas et sans ce que je ne suis pas,

jamais je n'aurai pu choisir consciemment et délibérément, ce que je suis. Donc, d'être le contraire des
adultes et expérimenter cela afin de découvrir mes
vérités dans mes sentiments, les respecter et les
suivre, non les paroles des autres...

Ainsi, au lieu de vouloir être aimé par ma femme, j'ai
pris conscience que cela était la source de tous mes
malheurs, donc ce que je ne suis pas et ainsi faire
entrer en existence, ce que je suis.

Offrir ou donner à ma femme ce que j'aimerais pour
moi et ainsi ne jamais oublier de m'inclure parmi ceux
que j'aime afin d'en faire l'expérience directe, l'expérience sans avoir à l'esprit un quelconque retour de
ma femme.

En d'autres termes, je suis le créateur de mes sentiments et ainsi me connaître dans une nouvelle
version de qui je suis.

## Être aimable envers ma femme

J'ai par la suite commencé à choisir consciemment et
délibérément des états d'être, des comportements
aimables envers ma femme comme :

- Ne pas lui dire que j'ai besoin d'elle ni elle de
  moi, car notre nature est la liberté ;

- Ne jamais exiger son amour, mais être joyeux qu'elle m'aime ;

- Comprendre que ma femme est libre de partir, mais qu'elle reste si elle se sent bien ;

- Ne jamais faire de promesses, mais agir immédiatement ;

- Lui dire je ne te promets rien et éviter de lui créer des attentes ;

- Lui dire de ne pas croire en mes paroles, mais uniquement en mes actions ;

- Si je lui dis une promesse et que je ne peux pas la tenir, alors lui expliquer pourquoi et réparer les torts, s'il y a lieu ;

- Ne jamais faire d'échange de condition qui débute avec le mot « si » ;

- Lui dire mes sentiments comment je me sens et non l'accuser ;

- Ne jamais chercher à gagner son amour en lui achetant des choses ;

- Ne jamais vouloir gagner une dispute, mais gagner le coeur de ma femme ;

- Ne jamais lui donner tort ou chercher à avoir raison, mais me donner tort avant tout ;

- Dire mon appréciation lorsqu'elle est aimable envers moi ;

- Ne jamais lui donner un ordre à faire, mais demander toujours sa permission ;

- Ne jamais l'obliger, mais lui donner la liberté de me dire non sans représailles ;

- Ne jamais porter de jugement sur ses erreurs, mais apporter une question si je connais un choix futur plus élevé ;

- Pardonner est bien, mais comprendre est beaucoup mieux ;

- Dire ma vérité sans blesser ma femme ;

- Ne jamais me venger pour un tort subi ;

- Me mettre à sa place avant de faire quelque chose ;

- Poser des questions pour comprendre son monde invisible ;

- Toujours avoir l'intention de connaître son point de vue ;

- Ne jamais croire que je sais ce qu'elle sent ou pense ;

- Parler ouvertement pour lui montrer que je ne cache rien ;

- Parler doucement et gentiment pour ne pas l'irriter ;

- Parler avec humilité pour montrer mon humanité et vulnérabilité ;

- Parler avec des faits pour montrer ma sincérité ;

- Être conscient que son bonheur est inclus dans le mien et que sa peine incluse dans la mienne ;

- Accepter ma femme telle qu'elle est, non selon ce qu'elle devrait être ;

- Toujours désirer de bien s'entendre avant les désirs personnels ;

- Me montrer en exemple pour lui enseigner quelque chose.

## Comment aimer ma femme sans avoir peur de la perdre ?

Lorsque j'ai commencé à intégrer consciemment ces comportements dans ma relation avec ma femme, jamais je n'ai eu par la suite, la peur de la perdre.

Je reconnaissais mon pouvoir personnel pour me rendre heureux sans avoir besoin d'une femme et ainsi rester avec moi par amour, non par la peur, le devoir et la culpabilité qui sont des causes de disputes et ensuite de problèmes plus graves.

En ayant comme intention que ma femme soit bien avec moi, je me sentais bien dans le choix de mes comportements ou actions dans la relation, au lieu d'attendre d'elle, des comportements ou des actions pour que je sois heureux.

Ce que je fais à ma femme, c'est à moi que je le fais, car nous sommes une main et nous sommes aussi les doigts de la main. Pourquoi voudrais-je blesser un autre doigt, quand je suis conscient que je me blesse, que je blesse ma main ?

Et même cette main fait partie d'une réalité beaucoup plus grande de ce que je suis, de ce que je crois voir.

# Être juste avec tout le monde

Dire la vérité, juste la vérité et rien que la vérité.

Lorsque je sais que je vais être jugé et condamné, ai-je envie de dire la vérité ?

Est-ce que ce genre de justice ne fait que remettre en question mon passé, et non de m'inspirer à créer un avenir plus magnifique ?

Est-ce que ce genre de justice encourage fortement la vengeance et la violence, au lieu d'y mettre fin ?

Plus un être ou une société est éveillée et moins il y a de lois, car dans la conscience existe la règle d'or dans les relations qui produit la compassion.

Cette compassion est une profonde compréhension qu'il n'y a rien à pardonner, lorsque l'on sait pourquoi et comment cette chose a pu se produire.

En vérité, être juste ne s'apprend pas avec des lois ni de rendre justice !

## Aucune loi ne peut remplacer la compassion

Je croyais que la justice était de faire payer l'autre, mais quand je me suis mis dans les souliers de l'autre, j'ai senti combien ce genre de justice était injuste, car je ne pouvais pas réparer mon erreur selon ma propre décision. Rares sont les gens qui remettent en question les lois et la justice.

Je me suis conformé sans poser de question, sans réfléchir moi-même, sans observer qu'elle favorise les traitements de faveur, l'intolérance, l'arrogance, la vanité et la vengeance, donc l'injustice.

La véritable justice n'est pas une conséquence suite à une action dans mes relations, mais une action dans mes relations, une façon d'être choisie librement, non de m'y soumettre par la peur ou la culpabilité des autres qui se croient supérieurs.

Apprendre les lois est une habitude apprise pour accumuler des mots dans la mémoire qui oublie le présent tandis qu'être juste est un comportement, une façon d'être dans une relation qui n'oublie pas les sentiments présents.

Parce que j'avais oublié de comprendre mes sentiments et ceux de l'autre avant de dire ou faire quelque chose, alors j'ai créé une injustice.

Et ces lois qui utilisent la même énergie qui cause l'injustice (l'oublie des sentiments) en croyant que cela va changer quelque chose.

Quelle grande illusion !

Aucune loi ne peut remplacer ma compassion et aucune loi ne peut m'y forcer.

## La justice est une grande illusion

La justice ou l'égalité est t-elle vraiment une valeur dans ce monde ?

Y a-t-il des gens plus importants que d'autres dans ce monde ?

Si nous sommes tous égaux, pourquoi certaines personnes veulent-elles des traitements de faveur, veulent-elles se montrer comme des êtres supérieurs, plus importantes que d'autres ?

En d'autres termes, apprendre des lois ne signifie en rien une conscience élevée ni un comportement juste dans les relations !

Est-ce que les traitements de faveur et la supériorité ne sont pas des signes de ne pas être égaux, être injustes, être sans compassion ?

La véritable justice ne vient pas des hommes, mais bien d'une dimension intérieure, une dimension hors du monde physique et pour y pénétrer, il faut accepter et observer sa façon de penser qui cherche à diviser la relation par la comparaison, la supériorité, le gain, l'obligation, l'accusation, le jugement, la culpabilité, la condamnation et la vengeance.

La justice naît dans le coeur des gens, non dans la raison ou la mémoire qui divise les relations.

C'est en m'acceptant tel que j'étais et en comprenant comment cette croyance a pris naissance, que j'ai pu choisir consciemment un comportement juste dans mes relations.

Cette expérience s'est faite en 6 étapes :

## 1. Comment la comparaison et le jugement empêchent toute grandeur humaine ?

Durant mon enfance, j'avais l'idée de devenir une meilleure personne, une plus grande personne, être fier de moi.

C'était un but noble, un but sain, un but joyeux, un but divin, un but naturel !

Mais ce but naturel est devenu autre, car sans m'en rendre compte, j'ai imité les adultes qui étaient déjà conditionnés à se comparer avec les autres tout en ayant l'habitude de porter des jugements pour être à la hauteur, meilleurs, supérieurs.

Et je suis devenu comme eux !

Voilà une de mes plus grandes erreurs de ma vie, car le jugement produisait un sentiment détestable de culpabilité chez les autres. En vérité, la culpabilité divisait mes relations en créant des malaises aux gens et en causant de nombreux conflits.

Comment pouvais-je prétendre que je devenais une meilleure personne en blessant les autres pour ma satisfaction personnelle ?

N'y avait-il pas un choix plus élevé pour vivre bien ensemble ?

Lorsque j'ai accepté et compris cette illusion de la comparaison et du jugement, alors la véritable grandeur humaine est entrée dans mon esprit par choix conscient et non par croyance imposée de force par les autres.

## Comment ma réaction de juger les gens est entrée en existence ?

En vérité, depuis ma naissance, j'avais été conditionné à vivre dans la peur, la peur d'être jugé, être ridiculisé et être étiqueté comme une mauvaise personne, un perdant, un moins que rien aux yeux des autres.

Même aujourd'hui, j'ai encore du chemin à parcourir pour me libérer de la peur du jugement des autres et quelque fois, je me vois en train de me comparer et de juger.

Mais si je ne suis pas conscient que la comparaison donne naissance au jugement, et que le jugement tue l'amour de soi et des autres, alors je vais croire à tort, qu'il existe des gens supérieurs et inférieurs.

Est-ce que j'étais devenu une image à protéger, une apparence corporelle, et non un être conscient doté d'une intelligence créative dans les relations ?

## Pourquoi me comparer avec les autres si cela ne me permet pas d'être meilleur ?

J'ai cru, comme presque tout le monde, que ma valeur humaine se mesurait selon le regard des autres, selon la comparaison avec eux et ainsi vivre en dépendant de ce regard appréciateur, cette reconnaissance, cette adulation, cette obsession de gloire.

Quelle grande satisfaction que de me sentir meilleur ou supérieur aux autres avec mes biens accumulés, mes gains obtenus, mon éducation prestigieuse, mon pouvoir autoritaire ou mes performances physiques !

Certes, il est bien d'être reconnu et apprécié des gens, mais lorsque cela devient un besoin inconscient

et non une préférence consciente, alors tout se transforme en peur.

Donc, plus il y avait de gens qui nourrissaient ma
valeur personnelle, plus ma dépendance envers leur
regard augmentait et plus je me croyais être une
meilleure personne, quelqu'un de supérieur, d'évolué,
d'important !

Cependant, toute dépendance est néfaste dans les
relations, peu importe si je suis riche ou pauvre,
éduqué ou non, car si je n'obtiens pas ce que veux
des autres, alors je crains la perte et ma réaction est
de juger les gens afin de les abaisser pour m'élever
sur eux.

Cette mesure ou ce résultat démontrait ma valeur
matérielle ou corporelle, non ma valeur humaine,
donc mon image individuelle de supériorité par
rapport aux autres dans le monde physique.

Avais-je oublié qu'il existait des accomplissements
relationnels, non uniquement des accomplissements
personnels, car je croyais être un corps, non une âme ?

## Suis-je un corps ou une âme avec un corps ?

En vérité, si je crois être un corps, alors cette mesure
ou ce résultat est valable selon ce que j'ai pour

donner plus de valeur à mon image individuelle, mon ego.

Mais si je crois être une âme qui possède un corps, alors la mesure valable est selon ce que je suis comme créateur en donnant plus de valeur aux comportements qui causent des sentiments de bien à moi et aux autres, donc notre âme, notre unité.

Par conséquent, la comparaison et le jugement n'augmentent pas ma valeur en tant qu'être humain, mais ne fait qu'oublier qui je suis et qui sont les autres, car un sentiment d'être ne se mesure pas par les apparences, il fait du bien ou il fait du mal à l'âme dans une relation.

Oublier cela, c'est ne pas évoluer en tant qu'être humain.

## La comparaison et le jugement produisent l'oublie de qui je suis et qui sont les autres

La réalité que j'observe n'est pas la seule réalité qui existe, il y a toujours une réalité plus grande qui est infinie (et même plus petite qui est infinie).

Est-ce que mon index est meilleur que mon pouce ?

Je me voyais comme des corps séparés des autres, mais je n'étais pas conscient qu'il y avait une réalité plus grande, que nous étions une main avec des doigts ou des caractéristiques différentes de la même main. Et même cette main faisait partie d'une réalité encore plus grande. C'est la comparaison et le jugement qui m'empêchaient de voir l'existence d'une réalité plus grande de qui je suis et qui sont les autres.

Ainsi, je vivais en voulant prouver que j'étais meilleur que les autres, que l'index était meilleur que le pouce en comparant, en jugeant sans cesse et par habitude inconsciente.

Je blessais les autres doigts de ma main sans être conscient que ces doigts faisaient partie de la même main, donc je me blessais sans m'en rendre compte.

En fait, rien ne pouvait évoluer, car je ne partais pas d'un état d'être conscient de mon unité avec les gens, mais d'un état de division, de séparation, de meilleur que, de plus que. J'oubliais l'amour et la justice, qui étaient des états d'être en relation avec les autres avant de faire quelque chose.

Cette comparaison me poussait à vouloir être meilleur que les autres et je réagissais en les abaissant pour prouver ma valeur individuelle et me sentir bien, peu importe les sentiments d'être des autres.

J'avais oublié d'être aimable et juste avec les autres, car l'amour et la justice ne sont pas une chose personnelle, mais une chose relationnelle.

Un sentiment de bien à moi et aux autres, non uniquement le mien.

## La comparaison avec moi-même augmente ma valeur personnelle !

En me comparant avec moi-même de façon consciente et intentionnelle, alors je ne me mesure pas avec les autres par la comparaison.

La comparaison et le jugement sont des distractions qui m'éloignaient de mes choix conscients et de mes buts ou intentions à réaliser. Pas étonnant que je vivais sans avoir de but relationnel, mais uniquement personnel.

En d'autres termes, je me mesurais avec le monde extérieur, donc les apparences ou les images, au lieu de mon monde intérieur, donc les vérités des sentiments d'être.

Cependant, la peur du jugement faisait partie de mes profondes croyances inconscientes et j'y résistais, je lui redonnais de plus en plus de force en affirmant que je n'avais pas peur du jugement des autres.

Cela a créé en moi, une habitude de juger les gens et être arrogant, intolérant, vaniteux et stupide.

## 2. Pourquoi juger les gens si je deviens arrogant, intolérant, vaniteux et stupide ?

Quel grand plaisir de sentir que j'ai raison pour gagner une discussion !

Quel grand pouvoir de connaître les lois, les règles et les conditions pour contrôler et obliger mes semblables afin d'obtenir ce que je veux !

Quelle grande sensation d'avoir des traitements de faveur pour me faire reconnaître comme quelqu'un de grandiose, supérieur, meilleur !

Quelle grande satisfaction d'avoir un bon jugement, un gros bons sens afin de me croire comme quelqu'un de plus intelligent !

Mais les autres personnes dans tout ça, comment se sentent-ils ?

Curieusement, plus je me trouvais important et plus je devenais arrogant, intolérant, hautain et stupide. Et le pire, j'accusais, je jugeais et je reprochais ces comportements aux autres sans me rendre compte que j'étais comme ça.

Par bonheur, je me suis réveillé de mon profond sommeil, lorsque j'ai pris conscience de comprendre ce qu'est l'injustice, et non d'apprendre le plus de chose sur la justice !

## Est-ce que être juste débute en sachant clairement ce qui est injuste ?

Le jugement fait partie de ma vie depuis ma naissance, car les gens font la propagande de cette croyance comme si c'était une chose fondamentale pour bien vivre en société.

Pourtant, en observant le monde et en ayant une certaine conscience et compassion, il est évident pour moi que c'est exactement le contraire.

Vivre avec le jugement, c'est vivre sans vraiment observer ni penser par moi-même, donc sans aucune évolution de ma conscience de qui je suis. Cette évolution de ma conscience se mesure par ce qui fait du bien dans mes sentiments et ceux des autres, non ce qui divise par ce qui fait du mal.

En vérité, ils m'ont dit *« voici ce qu'est la justice, voici ce que tu dois croire à ce sujet, voici ce qui est bien ou mal, car nous avons raison »* et les conséquences en sont l'injustice.

Parce que ma nature est la liberté de choix, à chaque fois qu'on m'imposait quelque chose, les effets étaient exactement le contraire.

Par exemple, ma mère me disait *« touche pas à cela »* et à cet instant j'avais une envie folle de le toucher, mais je ne le touchais pas pour bien paraître aux yeux de ma mère ou par peur de me faire punir, mais lorsque elle n'était pas là, alors je touchais à cette chose tout naturellement.

Ainsi, j'ai compris que ce qui définissais une chose était de comprendre d'abord ce que cette chose n'était pas et ainsi avoir un choix conscient dans mon esprit, non de croire les autres sans poser de question.

Ce qui définit la justice est ce que la justice n'est pas... car en sachant clairement ce qu'elle n'est pas, alors ce qu'elle est vraiment entre en existence dans mon esprit et ainsi en prendre conscience par choix libre, non par croyance imposée par la peur ou la culpabilité des autres.

En d'autres termes, connaître la justice ne se fait pas en apprenant toutes les lois et règles de la justice ni par des conditions à respecter, mais bien en sachant d'abord ce qu'est l'injustice et ainsi être juste dans mes relations par choix conscient et libre.

Ce genre de justice imposée n'est pas la justice, car elle a produit en moi, 4 comportements malsains dans mes relations.

## 1) Apprendre plus pour avoir raison et... devenir une personne arrogante !

Mon éducation a été basée sur le mot « apprendre », donc accumuler des mots et des définitions selon le passé de mes prédécesseurs. Rien dans cette éducation ne faisait référence à comprendre ni à prendre conscience par moi-même.

Certes, il est bien d'apprendre une technique, une langue, une façon de faire une chose, mais concernant ma façon d'être, apprendre était l'obstacle majeur qui m'empêchait de bien m'entendre avec les gens, donc d'évoluer comme personne.

## Apprendre vient du passé tandis que comprendre vient du présent

Apprendre les lois, les règles ou les conditions n'existent pas dans les relations, car ce qui compte est d'être conscient de mon état d'être et celui de l'autre, non le contrôler par la peur et le jugement pour satisfaire uniquement mes désirs.

En vérité, plus j'apprenais des comportements appropriés et moins je me comprenais ni comprenais les gens, car apprendre plus, c'est faire revivre le passé connu en ayant l'intention d'avoir raison, de m'élever sur les autres, de les abaisser, de gagner une discussion, tandis que comprendre, c'est vivre en étant conscient des sentiments présents et en ayant l'intention de connaître ce qui est nouveau, inconnu.

En fait, j'avais peur d'expérimenter de nouveaux états d'être ou de nouvelles situations dans mes relations, car je croyais à tort, qu'il me suffisait d'apprendre plus de mots, suivre plus de cours en relation humaine ou en développement personnel.

Quelle inconscience de ma part ! Comme si les mots du passé pouvaient remplacer mes actions présentes dans une relation.

C'est lorsque je pensais avoir toutes les réponses, que j'avais raison, et que je jugeais les gens, que l'évolution et la croissance s'arrêtaient, et que mon arrogance commençait !

Pourquoi juger les gens si je deviens arrogant ?

## 2) Ne pas accepter les erreurs et... devenir une personne intolérante !

Combien mal ça me faisait de me faire dire mes erreurs, mes fautes, me faire culpabiliser par les gens et ainsi me sentir mal, me détester ?

Pourquoi n'ont-ils pas essayé de m'aider à faire un choix plus élevé, à m'inspirer pour trouver en moi une meilleure idée, au lieu de me blesser ?

Sans m'en rendre compte, je suis devenu comme eux et à mon tour, j'ai blessé les gens avec mes accusations, jugements et moyens pour les corriger.

**Avais-je oublié de ne pas faire aux autres ce que je n'aimais pas que les autres me fassent ?**

Avais-je oublié que je n'aimais pas me faire dire mes erreurs ?

Pourquoi alors, dire à mes enfants ou aux autres qu'ils faisaient des erreurs ? Avais-je oublié que l'échec était la première étape de la réussite, car rien de grandiose n'a été accompli sans faire des choix moindres et ainsi avoir la possibilité de faire des choix plus élevés ?

Avais-je oublié que les jugements des autres ont créé en moi, la peur de faire quelque chose de nouveau et ainsi toujours refaire les choses que je savais faire ou qu'ils savaient faire ?

Avais-je oublié d'accepter les gens tels qu'ils étaient avec leur différence, non selon ce qu'ils devraient être afin qu'ils m'imitent ?

C'est lorsque je pensais ne jamais me tromper, que j'avais peur de l'échec, que je me justifiais et que j'accusais les gens, que la compréhension et la compassion s'arrêtaient, et que mon intolérance commençait !

Pourquoi juger les gens si je deviens intolérant ?

## 3) Vouloir des traitements de faveur et... devenir une personne vaniteuse !

Y a-t-il des gens plus importants, des gens meilleurs que d'autres dans ce monde ?

- Un président d'un pays est-il plus important qu'un mendiant ?
- Un juge est-il plus important qu'un accusé ?
- Un parent est-il plus important qu'un enfant ?
- Un professeur est-il plus important qu'un élève ?
- Un patron est-il plus important qu'un employé ?
- Un docteur est-il plus important qu'un malade ?
- Un sage est-il plus important qu'un bandit ?
- Un roi est-il plus important qu'un esclave ?
- Suis-je plus important qu'une autre personne ?
- Suis-je aveuglé par les apparences ?

On m'a fait croire qu'il existait des gens plus importants que d'autres, des gens supérieurs aux autres, et ainsi les traiter avec plus de respect, plus d'importance ou plus de considération.

## La valeur d'un être humain ne se mesure pas avec la reconnaissance des autres

Toute ma vie on m'a montré des images de héros qui sauvaient le monde, des politiciens honorés, des vedettes adulés, des sportifs acclamés, des distinctions d'honneur, des rois et des reines majestueux, des leaders au sommet de la montagne, des riches célèbres, etc.

Tous cherchant à être quelqu'un d'important, recevoir des traitements de faveur afin d'être reconnus des autres et ainsi se sentir supérieurs aux autres !

Comme si la valeur d'un être humain dépendait de la reconnaissance des autres.

Les traitements de faveur créent un puissant aveuglement d'injustice en inventant la loi du plus fort, du plus riche, du plus instruit, du plus célèbre, du plus...

Recevoir des traitements de faveur fait du bien, mais encourage l'inconscience de soi et le manque d'estime de soi par cette dépendance aux honneurs, aux reconnaissances qui viennent des autres.

J'observe qu'il y a des traitements de faveur dans ce monde, mais est-ce que je suis conscient que moi aussi, je traite certaines personnes de cette façon ou qu'ils me traitent de cette façon ?

**La supériorité est une illusion, car nous sommes tous égaux dans l'âme et différents du corps**

En vérité, lorsque je recevais constamment des traitements de faveur, cela nourrissait mon ego et créait une profonde habitude de supériorité. Mais lorsque les gens me traitaient de façon juste avec tout le monde, j'interprétais cela comme une chose injuste à mon égard, une chose moindre, car j'étais habitué d'avoir un traitement de faveur, une chose plus que les autres.

Je ne suis pas supérieur aux gens, je suis différent dans ma façon de m'exprimer, dans ma façon de faire... mais nous sommes tous égaux au niveau de l'âme, de l'être !

Et si nous sommes tous égaux, pourquoi vouloir des traitements de faveur qui causent des injustices et des inégalités ? C'est lorsque je me croyais meilleur ou supérieur aux autres, que mon égoïsme se développait, que la justice et l'égalité s'arrêtaient, et que ma vanité commençait !

Pourquoi juger les gens si je deviens vaniteux ?


## 4) Avoir un gros bon sens et... devenir une personne déséquilibrée !

Combien de fois, les gens m'ont dit d'utiliser le gros bon sens, de bien juger avant de prendre une décision, et ensuite m'apercevoir que je répétais cela aux autres sans avoir cherché à comprendre cette réaction apprise des autres ?

J'ai compris que le gros bon sens est stupide, car il oublie les vérités de chaque personne, donc les sentiments d'être ou états d'être, en mettant l'importance sur l'analyse des informations avec mon esprit conditionné depuis sa naissance à vivre dans la peur, la culpabilité et la ruse.


## Mes états d'être sont l'énergie ou la cause première de tout ce qui existe dans ma vie

Avoir le gros bons sens peut paraître important dans la conduite de ma vie de tous les jours, mais en oubliant mes sentiments et mes intentions qui s'expriment au moyen de mes émotions exprimées, je vivais dans la confusion et la complication sans m'en rendre compte.

Cela venait du fait que j'oubliais mon âme, qui était la source énergétique, le début de tout ce qui existe, en croyant à tort que le pouvoir suprême résidait dans mon esprit qui jugeait ou comparait constamment une situation donnée, au lieu d'avoir l'intention de comprendre tout simplement ce qu'elle était et comment cela prenait naissance dans mes états d'être en relation avec les autres.

Avais-je oublié de me laisser guider par mon âme qui connaissait toutes les possibilités que mon esprit ne pouvait concevoir ?

## Le gros bon sens n'a rien à voir avec la raison

En vérité, l'intention cachée en arrière du gros bon sens est de vouloir être plus intelligent que les autres avec des explications compliquées, car l'ego ou l'esprit conditionné par la raison a peur de perdre la face s'il fait confiance aux sentiments de soi et des autres, et ainsi utiliser l'esprit rationnel qui est rempli de mots inutiles pour paraître intelligent.

Par conséquent, le gros bon sens est une réaction qui prend naissance dans l'inconscience de soi, dans l'oublie des sentiments d'être avant de prendre une décision sensée et équilibrée. Ainsi, cela divise la relation au lieu de l'unir et à mon sens, cela n'a pas de sens intelligent, juste et aimable.

C'est lorsque je me trouvais plus intelligent que les autres, que plus je compliquais la compréhension d'une situation avec mon esprit rationnel, que la simplicité et la vérité s'arrêtaient, et que mon déséquilibre ou ma stupidité commençait !

Pourquoi juger les gens si je deviens stupide et déséquilibré ?

## Le jugement produit la culpabilité qui elle empêche toute responsabilité

L'idée qu'il existe des êtres supérieurs par la comparaison a crée en moi, une profonde croyance de juger les gens par la peur de ne pas être jugé afin de m'élever sur eux.

Le jugement produit un sentiment de culpabilité chez les gens qui sont jugés et produit un comportement de plus en plus arrogant, intolérant, vaniteux et déséquilibré à ceux qui jugent.

Comment transformer mon comportement malsain si je n'accepte pas ma responsabilité d'avoir été injuste avec les gens ?


## 3. Qui est responsable de l'injustice dans le monde d'aujourd'hui ?

J'observe ce monde cruel, indifférent, intolérant, arrogant et insensé !

J'observe ce monde égoïste et sans compassion !

J'observe ce monde de comparaison, de jugement et de condamnation !

Et ce monde observe aussi et pour eux, je suis ce monde.

Il n'est pas surprenant que j'aie eu la mauvaise habitude de chercher à me défendre ou à attaquer les gens, peu importe leur remarque.

Mais c'est en acceptant mon comportement injuste que j'ai pu prendre conscience que la responsabilité ne pouvait pas exister dans la culpabilité.

## La culpabilité me faisait réagir en me défendant ou en attaquant les autres

On m'a beaucoup jugé et comparé durant mes jeunes années et la culpabilité ressentie a crée en moi, une peur inconsciente de me protéger des remarques des autres.

Par la suite et dans de nombreuses relations, je croyais entendre des insultes, des jugements et des accusations lorsqu'une simple observation était faite ou une vérité déclarée, surtout si elle avait rapport à un comportement que je ne voulais pas assumer et qui pouvait blesser les autres.

Par conséquent, je réagissais inconsciemment pour protéger mon amour propre en me défendant ou en attaquant les gens, peu importe leur remarque.

C'est la culpabilité des autres qui a produit en moi mon inconscience de culpabiliser et blesser les autres, car durant toutes ces années, je ne savais pas comment répondre aux gens.

Ainsi, j'avais développé un habitude d'observer les autres et les rendre coupables de tout ce qui arrivait dans la vie sans voir ni accepter que je contribuais inconsciemment, à aggraver l'injustice.

## L'habitude de me défendre ou attaquer les autres aggravait l'injustice dans le monde

J'avais peur de me voir tel que j'étais pour ne pas me faire juger, me sentir coupable, et j'ai réagi en me défendant ou en attaquant les autres. Cette réaction ne fonctionnait pas, car elle aggravait le conflit et la division. Ce manque d'acception est justement ce qui gardait en place mon comportement injuste, donc mon arrogance, mon intolérance, ma vanité et ma stupidité.

Nier une chose, c'est la recréer par la résistance de ma pensée au moyen du jugement. Ce que je nie, je ne peux pas le transformer, car je déclare qu'elle n'existe pas dans ma réalité. Et seul ce qui existe peut être transformé, non ce qui n'existe pas !

Par conséquent, si je ne suis pas conscient que je suis responsable d'avoir créé mon comportement injuste, jamais je ne pourrais me transformer et continuer à culpabiliser les autres afin d'arriver à mes fins.

## La responsabilité vient de l'intérieur de moi et la culpabilité de l'extérieur !

La culpabilité vient toujours des autres et plus je voulais les rendre coupables de ce qui m'arrivait ou arrivait dans ce monde, et plus j'oubliais de regarder ma façon de penser et ma façon de me comporter dans les relations.

Je n'étais pas conscient qu'une personne coupable n'a jamais l'intention d'accepter sa responsabilité, car pour cela, elle doit en prendre conscience elle-même sans se faire juger par les autres.

Si quelqu'un me dit l'erreur que j'ai faite, cela est un jugement qui produit un sentiment de culpabilité et ma réaction est de me défendre ou attaquer, jamais d'élever ma conscience en voulant comprendre. En fait, le mal est déjà fait dans mes sentiments.

Mais si quelqu'un me dit d'abord son erreur sans mentionner la mienne et me dit ensuite un choix plus élevée qu'il a fait et qui a fonctionné, alors il ne me juge pas et ne divise pas la relation, mais me fait prendre conscience, m'inspire à m'observer et à accepter mon erreur par moi-même puis de faire un choix plus élevé, car je ne me sens pas coupable.

Ainsi, ma responsabilité entre en existence lorsque personne ne me culpabilise avec des jugements, des comparaisons, des insultes ou des accusations, mais se montre en exemple afin de me laisser la liberté de choisir autre chose ou non.

## Les conséquences de ne pas accepter ma responsabilité d'être injuste

Rares sont ceux qui montrent l'exemple d'une personne juste et responsable en ne culpabilisant pas les gens et en partageant une erreur. Le monde actuel est rempli de gens qui jugent et qui culpabilisent les autres pour arriver à leurs fins égoïstes et inconscientes, et je faisais partie de ce monde.

Pour arriver à mes fins égoïstes, la culpabilité seule ne pouvait pas faire agir les gens ni les contrôler et pour cela, j'ai utilisé par erreur, par habitude apprise, la pire solution que le monde a inventé pour rendre justice...

La condamnation au moyen de punitions ou l'absolution au moyen de récompenses !

## 4. Quelle est la solution la moins évoluée pour rendre justice ?

Il va être puni pour m'avoir désobéi !

Il va payer pour ce qu'il m'a fait !

Il ira en prison longtemps pour réparer son erreur à mon endroit !

Il ira à l'enfer éternel pour ses péchés commis !

Est-ce que ce genre de justice ne fait que remettre en question le passé des gens, et non de les inspirer à créer un avenir plus magnifique pour nous tous ?

Ne suis-je pas responsable de cette injustice dans le monde, car j'y ai contribué avec mon comportement arrogant, intolérant, hautain et égoïste ?

Est-ce que la solution la moins évoluée est ce que la justice actuelle démontre en voulant trouver un coupable, blesser l'autre et le punir afin d'obtenir justice ?

## Est-ce que l'autre m'a blessé, car il était blessé ?

Dans de nombreuses situations, j'ai été blessé par les autres et je me suis vengé pour obtenir justice, pour le faire payer concernant les torts subis.

Cependant, avais-je été conscient que ceux qui m'ont blessé avaient aussi réagi comme moi en cherchant à obtenir justice, à se venger, car ils étaient blessés ?

Les avais-je blessés sans m'en rendre compte ? Avais-je été injustice avec eux ? Est-ce qu'ils avaient accumulé de nombreuses blessures depuis des années ?

Avais-je cherché à mieux les comprendre et à les inspirer à faire des choix plus élevés ?

M'avais-je posé ces questions ou bien avais-je été conditionné à juger et ainsi continuer à faire revivre le passé ?

En vérité, je croyais profondément que rendre justice, blesser les autres, les punir ou les condamner pouvait m'enlever mes propres blessures, me réconfortait.

Comment puis-je prétendre que ça me faisait du bien de faire du mal aux autres ?

Si l'autre était blessé et avait réagi en me blessant, n'est-il pas sage de voir que cela n'a absolument rien donné pour son bien-être, car maintenant je le blesse par la vengeance ?

## Est-ce que j'ai blessé les autres, car je trouvais cela amusant ?

Dans certaines occasions, j'ai blessé les autres, car je trouvais amusant de rire d'eux, de les ridiculiser, de les abaisser, de leur faire du mal.

Sans m'en rendre compte, je contribuais à mes propres blessures.

Je n'étais pas conscient du lien entre la cause et l'effet ressenti chez l'autre et un jour, j'ai fait l'expérience de cet effet, car l'autre en a eu assez et s'est vengé sans que je me souvienne que j'étais la cause originale.

J'ai aussi été blessé par les autres qui trouvaient amusant de me faire du tort. J'ai réagi par la vengeance pour soulager ma blessure, mais cela a été de courte durée, car je ne gagne pas une guerre par la violence, mais par l'acceptation totale, la compréhension, les comportements justes.

Pourquoi vouloir ou chercher la vengeance quand ce comportement ne fait que perpétuer les conflits et les blessures ?

D'où vient cette habitude de vouloir punir ou condamner les gens pour obtenir justice ?

## Les punitions et les récompenses existent pour manipuler et contrôler les gens

Est-ce que la vengeance provient d'une profonde croyance que notre monde est fondé sur les récompenses et les punitions ? Être puni si c'est mal et être récompensé si c'est bien ! Mais qui décide ce qui est bien ou mal ?

Ce sont les gens obsédés par le pouvoir de l'autorité qui ont inventé les punitions et les récompenses afin de pouvoir me contrôler par la peur et la culpabilité pour satisfaire leur égoïsme inconscient.

D'autres m'ont même dit que je devais les obéir pour satisfaire les désirs de Dieu au travers leur propre désir et si je n'arrivais pas, alors la colère de Dieu m'enverrait directement à l'enfer éternel suite au jugement dernier. Quelle grande manipulation pour me faire peur !

Ainsi, la justice dans ce monde est basée sur les résultats, non sur le processus qui créent les résultats. Par conséquent, la justice actuelle est une punition ou une récompense à cause d'une action, non d'être juste dans l'action, laquelle est la relation.

Comment puis-je vivre en paix avec ce genre de croyance tordue qui ne fait que remettre en question mon passé, et non de m'inspirer à créer un avenir plus magnifique ?

## Rendre justice est la pire solution de la justice !

Je suis maintenant conscient que la solution la moins évoluée pour obtenir justice est de vouloir rendre justice en punissant les gens.

En acceptant cela, donc ce qui ne fonctionnait pas concernant la justice, mon esprit m'a apporté une nouvelle prise de conscience ne venant pas du monde extérieur et j'ai pu choisir une pensée juste.

## 5. Quel est le choix ultime pour être juste avec les autres ?

Je me suis souvent comparé avec les gens pour m'apprécier ! J'ai cherché à gagner sur les autres pour ne pas perdre ! Je voulais être meilleur qu'eux pour les surpasser ! J'ai jugé les gens pour les obliger et les manipuler à faire ce que je voulais !

Et je me croyais comme une personne profondément juste !

J'avais tort, j'étais injuste avec les gens, mais c'est l'injustice qui m'a fait choisir la véritable justice dans ma vie.

## Comment je me suis rendu compte que j'étais injuste envers les autres ?

Que s'est-il passé pour que je vive de cette façon ?

En vérité, j'ai compris que ma façon de penser venait des autres, de l'extérieur de moi, qui m'ont conditionné l'esprit à voir les gens comme des adversaires, comme des corps séparés de moi qui luttent pour obtenir quelque chose.

Ainsi, j'ai prix conscience que la véritable justice ne pouvais que venir de l'intérieur de moi ou du moins, de quelqu'un qui m'apportait la conscience de notre unité sans m'obliger à croire en lui et sans m'obliger à le voir comme leader en perdant mon pouvoir.

Par conséquent, lorsque j'ai accepté et compris que je vivais dans un monde injuste où nous voyons les autres comme des corps physiques séparés, alors mon esprit m'a apporté une nouvelle prise de conscience que cela était une illusion afin de prendre conscience que nous étions des âmes unies, des êtres unis qui ont un corps pour s'exprimer de façon différente.

En d'autres termes, j'ai pris conscience que j'étais un doigt d'une main et que les autres personnes étaient les autres doigts de la main. J'avais oublié cette réalité plus grande que celle que je voyais. Nous étions une main et cette main faisant partie d'une réalité beaucoup plus grande !

Je n'étais donc pas séparé des autres si j'avais cette conscience, mais en croyant voir uniquement des corps, alors ma conscience était limitée à cela et ainsi croire que nous étions des corps séparés, non des êtres unis dans l'âme, dans les sentiments.

Par conséquent, l'injustice est l'oublie que nous sommes un et ainsi ne pas traiter les autres comme nous aimerions être traités par eux !

# Être juste, c'est être conscient de notre unité !

J'observais tous ces gens vivre en luttant entre eux pour obtenir quelque chose et créer des sentiments d'être malheureux dans les relations.

J'étais comme eux, car je nous voyais comme des corps séparés, non comme des êtres unis et ainsi avoir un comportement injuste !

Pourtant, il suffisait d'être conscient de mes états d'être de mon âme et ceux des autres avant de faire quelque chose et ainsi avoir à l'esprit, la règle d'or de la justice, l'ultime solution.

Ne pas traiter les autres comme je n'aimerais pas être traité d'eux et intégrer ce comportement juste dans mes relations.

# 6. Comment intégrer un comportement juste et avoir de la compassion ?

Trop souvent et sans m'en rendre compte, je blessais les gens en étant injuste avec eux, car je croyais être en relation avec un corps et non une âme.

Les mots des gens me blessaient et je me défendais ou attaquais, au lieu d'avoir l'intention de connaître ma réaction ou leur réaction.

Curieusement, la compassion est survenue lorsque j'ai eu l'intention d'accepter et comprendre les gens en ayant la pleine conscience de leur douleur, leur tristesse, leurs inquiétudes ou leur colère qu'ils ont éprouvés à un niveau si grand, qu'ils ont réagi avec un comportement ne représentant pas leur véritable nature.

## Comprendre ma réaction m'a permis de comprendre celle des autres !

Je ne pouvais pas comprendre les gens, si ma réaction, suite à une remarque, était de me défendre ou attaquer les autres. Je devais donc commencer à accepter et à comprendre ma réaction.

Ainsi, chaque fois que je me sentais inconfortable ou mal à l'aise suite à une remarque de quelqu'un, j'avais observé que je ne cherchais pas à comprendre l'autre, mais à le juger, l'accuser, l'insulter, l'abaisser ou me venger afin de le blesser ou lui donner tort.

Et l'autre avait la même réaction que moi !

Je n'étais pas conscient, que je divisais la relation avec cette réaction.

En fait, je cachais ma vérité (mon sentiment et mon intention) par habitude afin d'éviter que les autres me blessent, me nient ou me ridiculisent.

Cette habitude avait pris naissance durant mon enfance en relation avec les adultes qui voulaient prouver qu'ils connaissaient tout de la vie, sauf de la leur...

Après plusieurs échecs, j'ai réussi à changer ma façon de penser et ma réaction.

Au lieu de me défendre ou attaquer, au lieu de juger, accuser, insulter ou chercher la vengeance avec les gens, j'ai commencé à vouloir comprendre ce qui donnait naissance à cette réaction.

## L'action de comprendre les sentiments présents des gens est ce qui produit la compassion

Avoir l'intention de comprendre quelqu'un est une action nouvelle à chaque instant afin de découvrir les sentiments de l'être, de l'âme. Et la seule façon d'y parvenir est en posant une question ouverte à l'autre sans avoir à l'esprit, une réponse préconçue qui vient du passé de ma mémoire, de mes connaissances apprises.

De comprendre leur douleur, leur malheur, leur tristesse, leur colère, leur inquiétude qu'ils ont éprouvé à un niveau si grand, qu'ils ont réagi avec un comportement ne représentant pas leur véritable nature.

Le simple fait d'écouter et m'intéresser à eux était la base de ma compassion ainsi que d'accepter mes erreurs possibles pour évoluer en conscience, évoluer par des choix conscients.

Pour cela, je devais poser une question simple : *« Y a-t-il quelque chose que je t'ai dit ou fait qui ta blessé, qui t'a dérangé pour réagir ainsi ? »*

## Être motivé par l'amour au lieu de la peur !

J'ai compris qu'en posant cette question, mon esprit était motivé par l'amour afin de connaître si j'avais été injuste ou détestable. J'ai compris aussi, que si je ne posais pas cette question, alors par habitude incon-sciente, mon esprit était motivé, sans m'en rendre compte, par la peur afin d'argumenter, de juger, de lutter, de diviser la relation.

L'amour unit et la peur sépare. La justice est une action qui unit tandis que l'injustice est une réaction qui divise, sépare.

Évidemment, l'autre n'était pas habitué à se faire poser cette question et sans s'en rendre compte, sa réaction était autre et l'ambiance devenait de plus en plus paisible, car il ne se sentait pas menacer.

Peu importe les réponses de l'autre, mon but était de créer un sentiment bien chez lui.

Pour cela, je devais lui montrer que j'acceptais mon erreur de comportement, que je le comprenais et que j'étais disposé à choisir un autre comportement pour ne pas répéter le même scénario en toute inconscience.

J'ai pris conscience que sans le désir de réparer, alors il n'y a pas d'engagement de ma part, uniquement des promesses vides de sens.

Ainsi, je continuais avec ma deuxième question.

*« Je suis désolé de m'avoir comporté de cette façon sans m'en rendre compte et je te comprends, car j'aurais réagi comme toi. Comment puis-je réparer mon erreur de comportement ? »*

## Accepter mes choix moindres (mes erreurs) pour intégrer un choix plus élevé

Encore une fois, l'autre n'était pas habitué à se faire poser ce genre de question et dans presque tous les cas, sa réponse était de ne pas savoir et me demander si je n'avais pas une idée comment faire...

Ma réponse était simple : *« Je ne te promet rien, mais il ne s'agit pas de corriger mon comportement moindre (mon erreur) ni d'acquérir un nouveau comportement juste, mais de me rappeler que j'ai déjà été juste et le refaire le plus souvent de façon consciente. »*

J'ai déjà été juste en :

- Acceptant mes erreurs et mes torts ;

- Acceptant les erreurs et les torts des autres ;

- Étant tolérant et patient envers les gens ;

- Observant que nous faisons tous de notre mieux ;

- Posant des questions pour mieux comprendre l'autre ;

- Mettant l'importance sur les sentiments avant de faire quelque chose ;

- Traitant les gens égaux, peu importe qui ils sont et ce qu'ils font ;

- M'abaissant de façon humaine pour élever les autres ;

- Inspirant les gens à choisir un avenir meilleur ;

- Donnant et rappelant aux autres qu'ils ont le pouvoir de créer leur vie ;

- Montrant que nous sommes différents, et non meilleurs ;

- Me comportant avec les gens de la même façon que je voudrais qu'ils se comportent avec moi.

Être juste, c'est accepter et comprendre mes sentiments et mes intentions ainsi que ceux de l'autre en intégrant la règle d'or.

Être injuste, c'est nier et juger inconsciemment mes sentiments et mes intentions ainsi que ceux de l'autre sans intégrer la règle d'or.

Et sans l'acceptation et l'existence de l'injustice, il est impossible de faire un choix conscient, de choisir la justice, car il n'y a aucun choix possible.

# Être honnête en tout temps

Je suis né honnête, sans m'en rendre compte...

Et je deviens malhonnête, sans m'en rendre compte... en observant la façon d'être des gens nés avant moi qui cachent leurs sentiments et leurs intentions en contrôlant leurs émotions pour bien paraître.

Bien paraître, c'est mentir à moi-même et aux autres en montrant exactement le comportement contraire de ma vérité intérieure.

Pourtant, cette malhonnêteté inconsciente doit exister afin de pouvoir choisir consciemment l'honnêteté, car faute de choix, aucun choix n'est possible afin de sentir ma grandeur humaine.

Cependant, si je porte un jugement de mal sur la malhonnêteté ou un jugement de bien sur l'honnêteté, alors le choix libre n'existe plus dans ma conscience et je deviens ce que je ne suis pas.

Heureusement, j'ai pris conscience que j'avais le pouvoir de transformer ma malhonnêteté en honnêteté selon certaines étapes bien précises.

## 1. Comment le mensonge chez les adultes est devenu une chose normale ?

Qu'est-ce que j'aimais tellement au point de mentir comme la plupart des adultes qui se croyaient honnêtes ?

- J'aimais mentir pour être à la hauteur, être important !

- J'aimais mentir pour gagner quelque chose !

- J'aimais mentir pour capter l'attention, l'admiration des gens !

- J'aimais mentir pour montrer que j'étais heureux !

- J'aimais mentir pour ne pas blesser les gens !

- J'aimais mentir pour obtenir quelque chose !

Comment cette idée de mentir a pris naissance dans ma vie et est devenue une chose normale ? N'est-ce pas cela qui compte le plus à comprendre si je veux évoluer et vivre des relations harmonieuses ?

## Les adultes montraient l'exemple que le mensonge était une chose nécessaire !

Je me souviens de mes jeunes années où tout naturellement, j'exprimais mes sentiments et mes intentions sous forme d'émotions naturelles.

- Je pleurais pour ce que j'avais perdu ou ce qui me faisait mal ;

- Je disais non sans hésitation pour ce que je n'aimais pas ou ne voulais pas ;

- J'agissais avec initiative pour réaliser mes envies personnelles ;

- J'acceptais mes erreurs pour persévérer avec détermination jusqu'à la réussite ;

- J'avais confiance de dire ce qui m'inquiétait et me faisait peur ;

- J'aimais les gens sans avoir à l'esprit un quelconque retour.

Il n'y avait aucune confusion, aucune complication et aucun mensonge.

Et étrangement, j'ai rarement observé mes parents et les adultes s'exprimer de cette façon pour se faire comprendre avec simplicité et transparence !

Je me souviens aussi des images à la télévision, des films au cinéma, des professeurs à l'école ainsi que les leaders de ce monde vivre de la même façon que mes parents ou les adultes en général.

De toute évidence, j'exprimais ma nature, mais les adultes de ce monde m'ont fait croire que cela n'était pas normal, n'était pas bien, et que je devais changer mon comportement naturel pour devenir normal, conforme à eux afin de bien vivre en société.

**Pour eux, bien vivre signifiait « bien paraître »...**

Et en plus, les adultes avaient toujours raison et moi, toujours tort !

Ainsi, j'ai commencé à cacher ma véritable nature pour ne pas me faire punir, ne pas me faire blesser, ne pas me faire détester et vivre dans le mensonge pour faire plaisir aux adultes, pour bien paraître à leurs yeux accusateurs, en leur disant ce qu'ils voulaient bien entendre.

En d'autres termes, je suis devenu un adulte et je montrais l'exemple que le mensonge était une chose nécessaire pour bien paraître !

Quelle grande inconscience !

## Le désir de bien paraître crée le mensonge

Aujourd'hui, je regarde ce monde et je vois très bien que cela ne fonctionne pas et ne fonctionnera jamais tant et aussi longtemps que nous ne comprendrons pas que le désir de bien paraître est contre la nature de notre âme, de notre unité.

Si dans une relation, j'avais eu le désir d'être bien tous les deux dans nos sentiments, de comprendre nos sentiments ainsi que nos intentions, jamais je n'aurai menti.

Mais j'ai grandi en ayant peur de l'autorité et j'ai oublié ce désir commun et naturel d'être bien tous les deux.

Le désir de bien paraître est un désir qui prend naissance dans la peur, donc l'inconscience de qui je suis, l'inconscience de l'amour, et sépare la relation afin de croire que je suis une image, une norme conforme aux valeurs de la société.

J'étais inconscient que je n'étais pas une image, mais un être conscient doté d'une intelligence créative et possédant un corps pour réaliser les désirs de mon âme.

Bien paraître, c'est vivre dans le mensonge et ainsi cacher tout ce qui ne cadre pas aux valeurs de la société contrôlée par les gens en position d'autorité.

Et leur plus grande valeur est celle de croire que nous sommes tous séparés en individus qui luttent entre eux pour des désirs personnels de supériorité et non unis dans l'âme pour des désirs relationnels ou communs en s'exprimant différemment.

Mais comment cette idée du mensonge s'est-elle transformée en croyance profonde au point de re-donner plus de force au mensonge ?

## L'habitude de mentir sans m'en rendre compte

La première fois que j'ai menti, je me suis senti très mal. Mon corps vibrait fortement et j'étais conscient que je mentais.

Comment pouvais-je choisir librement d'exprimer ma vérité, lorsque les adultes me jugeaient et me disaient constamment qu'ils avaient raison sous peine de châtiment ou sous conditions de ne pas être aimé ?

Cette idée s'est transformée en croyance, car j'ai tellement entendu mes parents et les adultes dire que mes émotions n'étaient pas bonnes et que je devais me retenir, me restreindre, me contrôler, me limiter afin de me conformer aux normes des adultes qui ne se trompent jamais.

Par conséquent, je devais gérer mes émotions en n'exprimant pas mes sentiments et mes intentions de façon naturels, mais de façons normales, non naturelles.

Le mensonge est ainsi devenu une profonde habitude inconsciente pour me conformer à la société pour bien paraître.

## 2. Pourquoi gérer mes émotions si je deviens pauvre d'esprit et insensible ?

Comment le mensonge pour bien paraître a-t-il fermé ma conscience à croire que je devais cacher mes sentiments et mes intentions ?

Je désirais bien paraître et j'ai réagi en mentant, en cachant mes vérités !

Cette habitude de mentir s'est développée et est devenue une profonde croyance en observant les adultes, les grands penseurs, les leaders, les gens importants qui disaient constamment de contrôler mes émotions, les gérer, les retenir, les refouler afin d'être à la hauteur.

En fait, gérer ou contrôler mes émotions est excellent pour oublier de me comprendre et comprendre les autres, et ainsi devenir bête, rationnel, pauvre d'esprit et insensible.

Et tout cela, ne fait que donner plus de force au mensonge, à la malhonnêteté inconsciente...

## Cacher mes sentiments et intentions est la preuve que je n'ai pas confiance en moi !

Mentir en cachant ou en contrôlant mes émotions est une chose normale, mais aucunement naturelle !

Je comprends que j'avais peur d'être naturel, car le monde autour de moi vivait dans la crainte sans s'en rendre compte et je les imitais, tout simplement.

Il faut vraiment avoir confiance en soi pour dire sa vérité, dire ses sentiments et intentions, être vulnérable, être humain, avouer ses torts ou ses erreurs, mais il n'y a aucune confiance en soi de dire des mensonges afin de bien paraître !

Là se trouve le secret de l'honnêteté !

Contrôler mes émotions pour bien paraître est une réaction inconsciente qui a sa source dans la peur et produit une façon de penser rationnelle et insensible qui nie ou oublie l'existence de l'être, de ma nature, de ce que je suis.

## Contrôler mes émotions est une grande bêtise et une chose insensée !

Ne pas exprimer honnêtement mes émotions, c'est oublier que j'ai des sentiments et des intentions, et ainsi rendre difficile toute connaissance de moi-même et toute compréhension dans mes rapports avec les gens.

J'oublias les détails les plus importants concernant les êtres humains, soient nos sentiments et nos intentions qui s'expriment par nos émotions et je cachais ces informations essentielles pour me faire comprendre et comprendre les autres.

À la place, je cherchais dans ma mémoire, des connaissances apprises, des informations passées qui font justement obstacles à la compréhension des êtres humains qui n'est possible que d'instant en instant au moyen de questions pour connaître leur état d'être sans porter de jugement.

J'étais devenu bête et insensé, car je croyais que penser de façon rationnelle, de façon analytique, mécanique, me permettait de m'exprimer avec intelligence pour bien paraître.

Heureusement, j'ai pris conscience que j'étais le responsable de mes mensonges sinon, jamais je n'aurais pu arrêter de mentir pour bien paraître dans mes relations.

## 3. Comment arrêter de mentir pour bien paraître ?

Si je n'accepte pas que je mens, que je cache mes émotions pour bien paraître, alors je vis dans la peur sans m'en rendre compte !

J'ai souvent observé les gens qui mentaient, c'était tellement évident ! Mais j'ai toujours nié que je mentais sans jamais m'observer, car je réagissais pour protéger mon image, mon ego, ma réputation, mon bien paraître.

Et pourtant, aux yeux des autres, il était évident que je mentais.

N'étais-je pas en train de nier ma vérité en ayant peur de me voir tel que j'étais et ainsi donner plus de force au mensonge sans m'en rendre compte ?

J'ai arrêté de mentir, lorsque j'ai déclaré ma vérité, lorsque j'ai compris mes sentiments et mes intentions, lorsque j'ai accepté que je mentais pour bien paraître et ainsi faire entrer en existence dans mon esprit, que j'étais le seul responsable de tout ce qui m'arrivait.

C'est la vérité qui libère et non les efforts que je fais pour m'en libérer !

## Être responsable, c'est accepter que je mens et avoir le courage de le déclarer !

Il n'y a pas de petit ni de gros mensonge, je mens ou je ne mens pas !

Sans l'acceptation et la compréhension du mensonge, il est impossible de changer quelque chose, de surpasser le mensonge, car je nie son existence et seul ce qui existe peut être transformé, jamais ce qui n'existe pas, jamais ce que je nie.

En acceptant, donc en déclarant que je mens, que je cache mes sentiments et intentions, je fais entrer en existence dans ma conscience, que je suis le responsable et ainsi avoir le pouvoir de changer ce qui existe.

Si je blâme, accuse les autres ou les circonstances, je garde en place l'énergie qui crée le mensonge en cherchant à changer les autres ou les circonstances. Cela ne fait que cacher ma responsabilité de créateur, l'ignorer et ne rien faire pour me changer.

Pour me libérer du mensonge, je devais donc comprendre mes sentiments et mes intentions qui s'expriment par mes émotions afin de voir que j'étais le responsable de cela, peu importe si j'en étais conscient ou non.

## Comprendre mes sentiments et intentions

Tout débute en moi par mes sentiments d'être et mes choix d'être ou intentions, un sentiment de bien ou un sentiment de mal et ils s'expriment par mes émotions.

**La colère** : La colère est une émotion tout à fait naturelle. C'est l'expression qui me permet de répondre « non merci », de dire « c'est assez l'abus », « je n'aime pas cela ». Ma colère n'a pas à être blessante, violente ou nuire à quelqu'un.

Si on m'avait laissé affirmer ou exprimer ma colère, alors rendu à l'âge adulte, j'aurais eu un comportement sain et j'aurais très vite surpassé ma colère.

Mais on m'a fait sentir que la colère n'était pas bien, incorrecte et qu'il était mauvais de l'exprimer, que je ne devrais même pas la ressentir. Une fois devenu adulte, j'ai cherché à gérer cette émotion pour bien paraître.

La colère sans cesse refoulée devient de la fureur, de la vengeance, de l'hystérie, de la démence, de la violence ou de la rage, qui sont des émotions aucunement naturelles. À cause de cela, j'ai créé de nombreux conflits et causé des divisions dans les relations.

**La peine** : La peine est une émotion tout à fait naturelle. C'est l'expression qui me permet de faire mes adieux, de dire au revoir, quand je ne désire pas. Cette peine pousse, expose ou projette la tristesse que j'éprouve lors d'une perte de quelque chose ou de quelqu'un.

Si on m'avait laissé extérioriser, affirmer ou exprimer ma peine, alors je m'en aurais débarrassé facilement et une fois rendu adulte, avoir un comportement très adéquat envers la tristesse et, par conséquent, la surpasser très rapidement.

Mais on m'a dit qu'il n'était pas bien de pleurer, de pleurnicher. J'ai appris par la peur et la culpabilité, à ne pas pleurer et ainsi cacher ma peine. Une fois devenu adulte, j'ai cherché à gérer cette émotion pour bien paraître.

La peine continuellement refoulée devient de la dépression, de la déprime, du chagrin, de la détresse et de la mélancolie chronique qui sont des émotions aucunement naturelles. À cause de cela, j'ai créé de nombreux conflits et causé des divisions dans les relations.

**L'envie** : L'envie est une émotion tout à fait naturelle. C'est l'expression qui me pousse à faire une action comme l'autre fait. C'est voir mes parents marcher ou se faire des caresses et ainsi avoir l'intention de marcher, faire des caresses ou conduire une bicyclette. L'envie est l'émotion naturelle qui me permet de refaire une chose, de persévérer dans l'effort, de continuer à agir jusqu'à ce que j'y arrive.

Si on m'avait laissé m'extérioriser, affirmer ou exprimer mes envies, alors une fois rendu adulte, j'aurais eu un comportement très sain et j'aurais dépasser très facilement mes envies.

Mais on m'a dit qu'il n'était pas bien de sentir de l'envie, qu'il était incorrect de l'exprimer, que je ne devrais pas envier personne ni même ressentir cela. Une fois devenu adulte, j'ai cherché à gérer cette émotion pour bien paraître.

L'envie continuellement refoulée devient de la jalousie, de la rivalité, de la compétition, de la vengeance, de l'antipathie qui sont des émotions qui ne sont pas du tout naturelles. À cause de cela, j'ai créé de nombreux conflits et causé des divisions dans les relations.

**La peur** : La peur est une émotion tout à fait naturelle. C'est l'expression qui permet d'agir avec prudence. Tous les nouveau-nés arrivent dans ce monde avec uniquement deux peurs. Celle de tomber et celle des bruits forts. Toutes les autres peurs sont des réactions apprises par mes parents ou l'environnement.

Si on m'avait laissé affirmer ou exprimer ma peur, ma crainte, alors cela m'aurait permis d'insérer un peu de prudence dans ma vie ainsi que celle des autres et m'aider à garder mon corps en bonne santé et mon esprit tranquille.

Mais on m'a dit qu'il n'était pas bien de sentir de la peur, qu'il était mal de la sentir et que je ne devrais pas en parler. Une fois devenu adulte, j'ai cherché à gérer cette émotion pour bien paraître.

La peur continuellement refoulée ou cachée devient de la panique, de la terreur, de l'anxiété, des inquiétudes, de la lâcheté, du vandalisme ou du terrorisme qui sont des émotions pas du tout naturelles. À cause de cela, j'ai créé de nombreux conflits et causé des divisions dans les relations.

**L'amour** : L'amour est une émotion tout à fait naturelle. C'est l'expression qui me pousse à me rapprocher des autres, à être ensemble, à faire des actions aimables et justes sans rien recevoir en retour.

Si on m'avait laissé exprimer mon amour et le recevoir sans conditions, sans obligation et sans honte, jamais je n'aurais eu besoin des autres ni exigé rien d'autre en échange, car la joie de l'amour exprimé et reçu de cette façon, se suffit à elle-même.

Mais on m'a dit qu'il n'était pas bien de sentir l'amour de cette façon, que l'amour a des conditions, des limites, des règles, des codes moraux, des restrictions, des manipulations et des retenus. Une fois devenu adulte, j'ai cherché à gérer cette émotion pour bien paraître.

L'amour sans cesse refoulé devient de la sécurité, de la possessivité, de l'exclusivité, de l'égoïsme qui sont des émotions qui ne sont pas du tout naturelles. À cause de cela, j'ai créé de nombreux conflits et causé des divisions dans les relations.

## Dire ma vérité consciemment ou non

J'ai été conditionné qu'il était plus important de bien paraître que d'être vrai et par conséquent, mentir au lieu d'exprimer ma vérité.

L'école est l'endroit pour apprendre quelque chose, non pour comprendre quelque chose. Apprendre vient de l'extérieur tandis que comprendre vient de l'intérieur.

Ainsi, l'enseignement véritable n'est pas de faire entrer quelque chose dans l'esprit des gens, mais de leur faire comprendre que c'est déjà en eux en montrant l'exemple.

Je ne sais pas combien de fois, j'ai écouté ces adultes instruits ne pas connaître la différence entre un sentiment, une intention et une émotion.

Entre l'énergie, le choix d'énergie et l'énergie en mouvement. Entre être, choisir d'être et exprimer cet état d'être.

Pas étonnant qu'ils croyaient uniquement au mot faire et ainsi oublier l'existence de leurs sentiments et leurs intentions !

Cependant, il existe un choix conscient entre être et choisir d'être, entre un sentiment et une intention, mais sans la conscience de ce choix, je vais réagir au moyen de la pire solution pour arrêter de mentir qui est :

De dire ce que l'on pense...

## 4. Dire ce que l'on pense n'est pas l'honnêteté ni la vérité !

La pire solution que j'ai expérimenté pour arrêter de mentir fut de dire ce que j'avais en tête.

- J'ai eu une fessée de ma mère pour lui avoir dit ce que je pensais !

- J'ai perdu ma femme pour lui avoir dit ce que pensais !

- J'ai été congédié pour avoir dit au patron ce que je pensais !

- J'ai été attaqué par de nombreuses personnes pour les avoir blessé en disant ce que je pensais !

Il m'en a fallu des expériences afin de prendre conscience que blesser les autres avec les mots revenait à dire de me blesser moi-même.

En réalité, le problème n'était pas de dire ce que je pensais, mais bien de ne pas être conscient de la différence entre une pensée et un état d'être afin de ne pas créer des conséquences blessantes ou désagréables.

## Il n'y a aucun courage ni confiance en soi de dire ce que l'on pense !

Je croyais qu'il fallait du courage pour dire aux autres ce que je pensais et j'ai associé cela à l'honnêteté.

Hélas ! J'ai observé que je n'étais pas gêné pour dire des choses blessantes ou offensantes aux autres, mais que j'étais terriblement gêné pour dire des choses aimables et réconfortantes !

Ainsi, j'avais peur de dire des choses aimables aux gens, car ma pensée était remplie d'habitudes inconscientes qui divisaient les relations en cherchant uniquement mes intérêts personnels sans égards aux intérêts des autres.

En vérité, je ne m'intéressais pas aux autres (sauf pour obtenir quelque chose) et c'est cela qui causait ma gêne d'être aimable !

J'ai pris conscience que si je n'observais pas le processus qui créait ma façon de penser, alors jamais je ne pourrai changer ma façon de penser et ainsi m'exprimer de la même façon.

En d'autres termes, je ne pouvais pas changer ma façon de penser avec ma façon de penser !

## Comment est créée ma façon de penser ?

Depuis mon enfance, ma façon de penser a été conditionnée à mettre l'importance sur le but inconscient de me **réaliser individuellement**, alors ce but ou intention a produit en moi, une pensée qui divisait la relation, une pensée égoïste qui cherchait uniquement mes intérêts personnels, non le meilleur de mes intérêts.

Une pensée qui juge, qui nie, qui critique, qui contrôle, qui abaisse et qui accuse les autres afin d'être à la hauteur, prouver ma grandeur. Voilà le contenu de ma pensée !

Cette pensée qui vit dans les idéaux et qui oublie l'énergie qui est la cause de cette même pensée et cette pensée qui est la cause de la parole exprimée.

Je n'ai pas été éduqué à me servir de mon esprit afin de créer du bien-être dans mes relations, mais à imiter, à devenir meilleur que les autres, à me comparer, à lutter par la compétition, à être un gagnant pour ne pas être un perdant.

Par conséquent, dire aux autres ce que je pense est la pire solution pour être honnête, car je n'ai jamais été conscient de mes états d'être (mes sentiments d'être et mes intentions d'être) ni ceux des autres avant de penser et déclarer quoique ce soit.

## Est-ce que mon but est noble avant d'exprimer ce que je pense ?

J'ai cru à tort, que toute vérité n'était pas bonne à dire aux autres !

Je m'étais trompé sur ce qu'est la vérité, l'honnêteté. Je la confondais avec ce que je pensais ou ce que je voyais, non sur ce que je sentais, et ainsi continuer à mentir, à inventer pour bien paraître.

Avais-je oublié d'être conscient de mes sentiments et ceux des autres avant de penser et parler ?

Avais-je oublié que nous sommes un et que chacun de nous sommes une âme, non un corps physique ?

Avais-je oublié de choisir consciemment un but plus élevé en fonction du meilleur de mes intentions ou intérêts avant de penser et parler ?

L'intérêt personnel est ce qui motive toute personne, mais il existe un but, un choix plus élevé pour le meilleur de mes intérêts, soit celui de l'intérêt relationnel qui inclut à la fois, mon bien-être de l'âme et celui de l'autre.

L'intérêt relationnel est le choix le plus élevé pour être honnête avec les gens, car cela unit la relation avant même de penser et s'exprimer.

En fait, il existe un but ultime, un intérêt commun à nous tous, celui de choisir d'être bien avant de penser, dire ou faire quoique ce soit.

## 5. Quel est le choix le plus élevé pour se libérer du mensonge ?

J'avais déjà en moi la meilleure solution pour ne plus mentir, mais je l'avais oublié en imitant ceux qui l'avaient oubliée !

Plus les gens m'accusaient ou me jugeaient, plus mon esprit résistait ! Plus je résistais et plus le mensonge persistait !

J'ai pris conscience que pour me libérer du mensonge, je devais ne pas le fuir, ne pas le juger de mal, rester avec lui, connaître ses secrets et ainsi comprendre comment il a pris naissance en moi et comment le contrôle de mes émotions lui a donné plus de force sans m'en rendre compte.

Cela m'a permis de faire un choix plus élevé, celui d'être conscient de mes états d'être (mes sentiments et mes intentions) et les exprimer avec sagesse, avec transparence sans créer de division dans les relations par mes désirs individuels.

## Le mensonge existe, car nous avons des désirs différents dans une relation

Parce que je voulais quelque chose des autres et que les autres voulaient autre chose de moi, alors nous utilisions les relations comme solution, comme moyen à faire pour obtenir quelque chose et mon désir était de les obliger, les manipuler ou les contrôler par la ruse ou le mensonge afin d'arriver à mes fins.

L'autre aussi était comme moi !

Mais si j'avais un désir commun, nous n'aurions jamais rien à cacher ni rien à mentir !

J'ai compris que j'avais oublié de choisir un désir d'être bien, un désir commun pour moi et l'autre, car j'étais uniquement préoccupé ou concentré sur ce que je voulais avoir, non sur ce que je pouvais être en relation avec l'autre.


## L'énergie est un choix d'être qui divise ou unit la relation avant de faire une chose

Tout désir est une énergie avant la création (pensée, parole, action).

Si je ne suis pas conscient qu'il existe un choix d'énergie qui crée ma façon de penser, alors je vais toujours utiliser la même énergie inconsciemment, peu importe ce que je pense, dis ou fais.

Cette énergie est un choix d'être qui est inconscient ou conscient de mes états d'être de mon âme et celles des autres.

Une énergie qui divise ou une énergie qui unit avant de faire quelque chose.

Si je ne suis pas conscient de ce choix d'être (qui divise ou unit) dans une relation, alors seul compte les désirs de mon corps, mes désirs individuels ou égoïstes, car je n'ai pas suffisamment évolué pour prendre conscience que je suis une âme.

Cela a pour effet de mentir ou cacher mes vérités sans m'en rendre compte afin d'arriver à mes fins, de diviser la relation avant de faire quoique ce soit et produire un sentiment de mal à l'un ou l'autre.

Si je suis conscient de ce choix d'être (qui divise ou unit) dans une relation, alors ce qui compte est le désir commun de nos âmes sans oublier les désirs du corps. Cela a pour effet d'exprimer honnêtement mes vérités, d'unir la relation avant de faire quoique ce soit et produire un sentiment bien à chacun.

# Quel est ce désir commun qui ne cache rien ?

Il y a deux sortes de désir compte tenu de mon niveau d'évolution de ma conscience d'être, ma conscience de qui je suis :

Les désirs de l'âme qui unissent et créent un sentiment d'être commun ;

Les désirs du corps qui divisent et créent une sensation physique individuelle.

Il n'y à rien de mal avec les désirs, ce qui compte est l'équilibre. Cependant, si je crois être un corps, alors je n'ai aucune conscience que je suis une âme qui communique avec les autres au moyen de mes sentiments et intentions exprimés.

Le désir de mon âme est de se connaître en des versions de plus en plus grandiose au moyen de mes comportements que j'offre consciemment dans mes relations.

Ce désir commun n'est pas de vouloir quelque chose, mais d'être quelque chose. D'être bien tous les deux dans la relation, peu importe ce que nous voulons.

En réalisant qu'il n'y a qu'un être qui s'exprime sous des corps différents, j'ai compris que lorsqu'il y a un seul désir, alors il n'y a qu'une seule intention.

Par conséquent, en étant conscient de mes sentiments et ceux des autres, alors mes désirs sont communs, soient de choisir d'être bien tous les deux dans la relation, peu importe ce que je veux et sans avoir à l'esprit un quelconque retour ou condition en échange.

Ce désir commun se nomme l'amour sans condition ! Ce que je suis vraiment !

L'amour n'exige rien et ne veut rien, car il se suffit à lui-même et laisse l'entière liberté à l'autre.

## Le choix le plus élevé pour se libérer du mensonge est d'exprimer mes vérités

Le sentiment à la force d'être respectueux, car il ne concerne que moi. C'est ma vérité à propos de ce que je sens en relation avec quelqu'un ou quelque chose.

Il laisse à l'autre, une opportunité de création libre de satisfaire mes désirs ou non, car je n'ai pas besoin de l'autre pour être heureux.

Je comprends que durant ma jeunesse, j'avais exprimé mes sentiments et mes intentions pour ensuite me faire juger et éviter de les exprimer afin de protéger mon amour propre, me protéger des blessures, mais une fois adulte, l'expression de mes sentiments et de mes intentions permet de créer une relation plus humaine, une relation saine et l'autre ne cherchera pas à m'abaisser ou me culpabiliser.

En fait, en tant qu'adulte, j'étais tanné de toute cette mascarade, cette malhonnêteté, ces mensonges, mais la peur m'avait empêché d'être vrai et alors, j'attendais que l'autre montre d'abord son honnêteté avant de démontrer la mienne...

Et j'ai attendu très longtemps, car les autres aussi attendaient...

J'ai décidé de me montrer en exemple sans attendre, car je suis conscient que la vérité ne blesse pas, c'est la façon de la dire qui blesse !

## 6. La vérité ne blesse pas, c'est la façon de la dire qui blesse !

- J'avais l'habitude de répondre aux accusations des gens en les accusant !

- J'avais l'habitude de répondre aux jugements des gens en les jugeant !

- J'avais l'habitude de répondre aux reproches des gens en les reprochant !

Curieusement, quand je me sentais mal suite aux remarques des gens, je réagissais avec la même énergie qu'eux qui divise au lieu d'unir.

J'ai pris conscience que ce n'était pas ma vérité qui blessait, mais ma façon habituelle de la cacher en n'exprimant pas mes sentiments ni mes intentions au moyen de mes émotions.

## Mes sentiments ne sont pas mes pensées

Les gens en position d'autorité ont toujours cherché à me faire croire qu'ils savaient ce qui était bien pour moi, mais c'était totalement faux. Cela était une habitude pour me contrôler en niant mes vérités afin de leur donner ma confiance et ainsi perdre la mienne.

Par conséquent, j'ai créé une profonde habitude de vouloir plaire aux autres et oublier mes sentiments en recherchant une forme d'approbation qui me faisait du bien.

Cela n'était pas un sentiment bien, mais un faux sentiment que j'ai créé par ma pensée et qui est devenu confortable, habituel.

Aujourd'hui, ce qui compte pour moi est de suivre mes sentiments et ainsi me respecter, ne pas oublier mon âme. Donc, comment je me sens par rapport à quelqu'un ou quelque chose, et non ce que j'en pense ou ce que les autres en pense.

Si dans une relation, je me sens mal ou l'autre se sent mal, alors c'est mal. Si je me sens bien et l'autre aussi, alors c'est bien. Être conscient de cela est la plus grande sagesse qui existe concernant les relations avant de faire quoique ce soit.

## Mes intentions ne sont pas ce que je fais

Chaque chose que je fais (penser, parler, agir) est motivée par une intention, un but conscient ou incon-scient concernant ce que je choisis d'être ou d'avoir. Cependant, j'ai été conditionné, comme presque tous les êtres humains, à ne pas être conscient de ce choix avant de faire quelque chose.

Bien sûr, quand les gens me posaient la question pourquoi je faisais cela, alors ma réponse n'était pas vraie afin de bien paraître et j'inventais ou je mentais sans m'en rendre compte pour sauver la face.

En vérité, j'imitais les autres en croyant que je devais faire quelque chose pour avoir quelque chose et ainsi être heureux ou tout autre état d'être. Je n'étais pas conscient que j'avais le choix de mes intentions dans mon esprit avant de faire quelque chose.

J'avais le choix entre les intentions conscientes de mon âme (mon bien être et celui des autres) ou inconsciente, contre elle, donc les intentions de mon corps (mon bien être, peu importe les autres) !

Si je ne suis pas conscient de l'existence de ce choix, alors je réagirai inconsciemment, par habitude apprise, à vouloir quelque chose de l'autre et ainsi diviser la relation par mes intentions égoïstes, donc individuelles.

Mais si dans une relation, je suis conscient de choisir des intentions de mon âme, alors je n'oublie pas les états d'être de l'autre avant de faire ou exprimer quoique ce soit.

Par conséquent, si je suis conscient de mon âme et celle des autres, alors j'offrirai des états d'être à l'autre sans rien n'exiger en retour, mais si je ne suis pas conscient de mon âme ni celle des autres, alors je voudrais quelque chose de l'autre.

## Mes émotions ne sont pas pour cacher mes sentiments ni mes intentions

Lorsque mon esprit était habité par la peur, la culpabilité, je cherchais à contrôler mes émotions pour cacher mes sentiments mal ou inconfortables afin de bien paraître, être à la hauteur, m'élever sur les gens, les abaisser, les critiquer, les juger.

Je cherchais aussi à contrôler mes émotions pour cacher mes intentions afin de tromper les gens par la ruse en leur faisant croire que ce que je faisais était pour leur bien, non le mien.

Ainsi, jamais je n'exprimais mes sentiments ni mes intentions véritables et pourtant, je me croyais honnête...

Contrôler, retenir ou gérer mes émotions est simplement une manière malhonnête de m'exprimer, peu importe ce que des milliards de gens croient.

## Comment j'ai intégré un comportement honnête dans mes relations ?

Exprimer mes vérités, donc mes sentiments et mes intentions au moyen de mes émotions, ne veut pas dire de tout dévoiler ce que j'ai en moi, mais uniquement lorsque le silence pourrait compromettre la compréhension de quelque chose ou l'intégrité de quelqu'un.

Être honnête, c'est exprimer des mots qui indiquent les sentiments de mon âme ainsi que les intentions de mon esprit au moyen de mes émotions avant de faire quelque chose tout en étant conscient de ne pas blesser ni irriter les gens.

Pour arriver à intégrer un comportement honnête, je n'avais pas à apprendre quoique ce soit. Il fallait simplement me souvenir du bien-être ressenti, quand je disais mes sentiments et mes intentions.

Plus je montrais l'exemple d'être honnête et plus les gens avaient confiance en eux d'être honnête avec moi sans les obliger à l'être.

**Je me souviens que j'ai déjà été honnête en disant mes sentiments :**

- Je me sens mal, quand tu m'accuses de quelque chose sans connaître mon point de vue ;

- Je me sens mal, quand tu m'abaisses au lieu de t'abaisser en premier ;

- Je me sens mal, quand tu m'obliges à faire cela sans me demander la permission ;

- Je me sens mal, quand tu me critiques sans prendre conscience que cela est toujours destructif et divise les relations ;

- Je me sens mal, quand tu nies mes sentiments, au lieu de les accepter, les aimer et les respecter ;

- Je me sens mal, quand tu ries de moi, mais jamais de toi ;

- Je me sens mal, quand tu me juges sans chercher à me comprendre ;

- Je me sens mal, quand tu me dis mes erreurs sans commencer par avouer les tiennes ;

- Je me sens mal, quand tu me condamnes sans m'inspirer à faire un choix plus élevé ;

- Je me sens mal, quand tu affirmes des choses sur moi, au lieu de me poser des questions pour connaître ma vérité ;

- Je me sens mal, quand tu cherches à me contrôler, au lieu de me donner le libre choix ;

- Je me sens mal, quand tu es violent envers moi, au lieu de me dire calmement tes sentiments et ce que j'ai fait pour te blesser ;

- Je me sens mal, quand tu me traites d'égoïste sans observer que c'est une ruse pour obtenir tes désirs à toi ;

- Je me sens mal, quand tu me dis que c'est pour mon bien sans admettre honnêtement que c'est aussi pour le tien.

**Je me souviens que j'ai déjà été honnête en disant mes intentions :**

- Je ne fais pas ceci uniquement pour ton bien, mais aussi pour le mien ;

- J'aimerais connaître tes sentiments ou états d'être avant de faire cela ;

- J'ai envie d'avoir cette chose, mais tu n'as aucune exigence en ce sens ;

- J'aimerais te rendre heureuse, mais tu n'as pas besoin de moi pour cela ;

- J'aimerais réaliser tes souhaits en autant qu'ils sont des préférences ;

- Je ne te promets rien, mais observe mes actions qui déterminent mes intentions véritables ;

- J'aimerais entendre tes vérités pour mieux te comprendre ;

- J'aimerais que tu saches que je ne cherche pas à gagner, mais à gagner tous les deux ;

- J'aimerais ne pas être seul pour aller quelque part mais cela n'est pas une obligation, uniquement une occasion ;

Chaque fois que je disais mes vérités, l'autre avait généralement une réaction habituelle à nier :

- Mes sentiments en disant des justifications comme *« Parce que... »*

- Mes intentions en disant des contradictions comme *« Oui, mais... »*

J'ai pris conscience que je devais accepter ses justifications ou ses contradictions et lui poser une question pour activer son esprit afin qu'il trouve sa propre solution à faire selon le sens, selon l'intention que notre âme désirait.

*« Je te comprends, car moi aussi j'ai réagi comme toi. Mais as-tu une idée comment faire pour être bien tous les deux ? »*

Si l'autre n'a pas d'idée, probablement qu'il me demandera si j'en ai une...

Et ma réponse sera : *« Pourquoi ne pas traiter les autres comme nous voudrions être traités ? »*

Cette façon d'être honnête unissait la relation au lieu de la diviser.

Je devais répéter le plus souvent ce comportement de façon consciente et délibérée afin d'être bien et par conséquent, multiplier le bien-être des autres.

www.ingramcontent.com/pod-product-compliance
Lightning Source LLC
Chambersburg PA
CBHW051833090426
42736CB00011B/1789